U0114367

印度 南北
千里走
單騎

邢協豪（行寫好）　著

「一紙走天下」行程規劃圖、
全面的景點中英對照和評分表，
呈現數百個景點的歷史、傳奇和特色，
以及「原汁原味」的當代印度市井風情圖。
跟隨作者的腳步，
瞭解這個神秘和不可思議的國度！

博客思出版社

自序

　　小時候我有過兩個「夢想」，一個是開汽車，另一個就是周遊世界。但那個時代還沒有私人汽車，走出國門也幾乎是天方夜譚。長大後我成了理工男，改革開放後又出了國。很快我開上了汽車，也開始了周遊世界。

　　十多年來，我幾乎是單槍匹馬遊天下，走過了歐、美、亞、非四個大洲。我在千山萬水間看到世界，在城堡宮闈裡瞭解歷史，在異國風情中感受人性，在天涯海角處遇見自己。

　　這時候我開始明白當年的自己：夢想開車，要的是掌控方向和命運，追求一往無前的豪邁；夢想出國，要的是拓展視野和心胸，追求學無止境的瀟灑。「行萬里路」註定是我人生的「必修課」，一門「挑戰自己、認識自己」的「必修課」。

　　在這條「修行」的路上，大國印度絕對是非常獨特的一站。

　　印度屬於世界四大文明，時間上甚至早於中華文明。歷史上它古老神秘精深璀璨，現實中卻又民生不振矛盾混亂，是外部遊客對之評價最為兩極分化、當今世界最難於理喻的幾個大國之一。但是，這也恰恰是印度的民族與文化無窮魅力之所在。

　　我有幸能親身踏上這片偉大的國土，深入走進善良平民的市井，在歷史文化寶庫的博大中薰陶，在基本建設匱乏而髒亂的日常生活中體驗。一輩子也許僅此一次的經歷，在「煉獄」般的生活上「苦海無邊」之後，迎來的正是「磐涅」般心靈上的「浴火重生」。印度的反差及其給人的震撼如此強烈，是一個不能不去的國度。

在傳統上，印度的遊覽重點，是以新德里－阿格拉－齋浦爾組成的「金三角」，其次是烏代浦爾－古久拉霍－瓦拉納西組成的「三點一線」。可惜這個「三角加一線」的線路都在北方，並不真正代表整個印度。

我的印度之行同時涵蓋了印度的北方和南方，為的就是去看一個完整的印度。行程包括了北方的新德里、阿格拉、齋浦爾、烏代浦爾、古久拉霍、瓦拉納西，南方的孟買、海德拉巴、漢皮、班加羅爾、馬杜賴、金奈，最後還有印巴邊境的大城阿姆利則。

《印度南北千里走單騎》一書，就是此行的紀實。我試圖在介紹上述城市大小景點的同時，給讀者描繪出一幅「原汁原味」的當代印度市井風情圖。為此，我努力進入當地人民的日常生活，學習和瞭解他們的思想及感受，更好地認識這個神秘和不可思議的國家及其人民。無論您是否已經親歷印度，本書將用第一手體驗的敘述以及大量實錄的圖片，與您一起再作一次印度南北千里行。

旅行與旅遊的選擇和計畫是非常個性化個人化的。不過，無論您踏上旅途的重點是歷史、是文化、是宗教、是美景、是美食，還是其他；無論您是結伴、是自助、還是親子遊或甚至跟團；印度主要城市的景點名勝都將在本書中呈現，它們背後的歷史、傳奇、宗教、故事、逸聞等等，也將詳盡地加以介紹，這些都將給您帶來幫助。

這是一本獨一無二的旅記。本書草稿 2014 年首次在網路上發佈後，曾引起強烈反應和極大好評，讚語有：「原汁原味」、「獨特的遊記」、「圖文並茂，兼顧政治，歷史，風土人情，很具知識性」、「描述生動風趣，很接地氣，極具可讀性」，等等，網友們鼓勵本人將之出版，與更廣大的讀者及旅行愛好者分享。兩年後，終於經過重新編輯完善，本書在此呈現於廣大讀者的面前。

全書有三大特色：

其一，平易平實的文風：語言精煉，文筆流暢，構思獨特，史料豐富，使人讀起來輕快愜意；

其二，獨創的「一紙走天下」行程規劃圖：旅行計畫的大小細節包括日期、航班、車次、票價、氣溫、旅館、天數、交通、景點、優先次序、安全隱患、注意事項等等，均簡潔地歸納於一表一紙之中。條理清晰，一目了然，具有工程流程設計般的簡練、實用、直觀、方便的優點，被網友稱為遊記中「獨步天下」的「最牛」特色；

其三，全面的景點列表及評分：印度各城市景點的中英文名字對照，以及作者的「五星級別」評分均在書中給出，方便讀者的查找及參考。其他實用的資訊和提示，也貫串全書。有不少網友，就是手握本人遊記的打印本出門上路的。

這是一本雅俗共賞、老少咸宜的書。

我的旅行路線圖 ──
印度南北千里走單騎

　　從德里出發，各點間的交通全用火車，最後從金奈飛回德里。印度火車系統是旅遊旅行媒體大力推薦的，全球數一數二的全面完整鐵路網，儘管硬體依然陳舊落後。用 ClearTrip.com 就可以在海外預訂並打印出車票，只要它告訴你是「確認」（confirmed）的，到時候直接上車找到你的鋪位就行，無需與人打交道。火車不僅便宜，可代作旅館，也省去來回機場的麻煩，又可以與當地人接觸交談，是我的最愛。全程十幾段火車加飛機，費用不超500 美元。

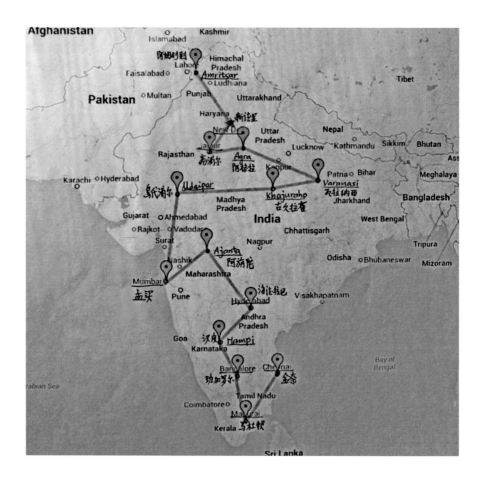

我的計畫行程表 --

一紙走天下

　　本人獨創的旅行計畫流程表。大小細節包括日期、航班、車次、票價、氣溫、旅館、天數、交通、景點、優先次序等等，均簡潔地歸納於一表一紙之中。條理清晰，一目了然。

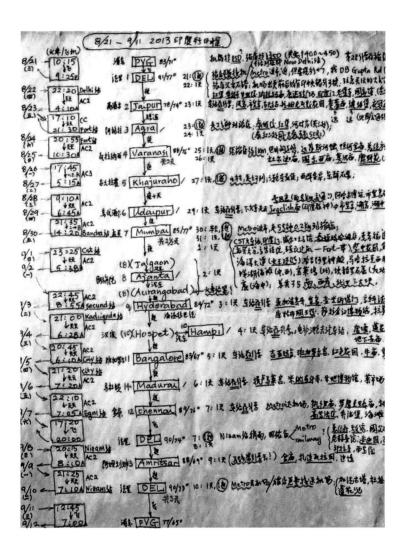

行萬里路，寫萬言文，好天下事。

　　讀者們好！在這裡謹向你們隆重推薦邢協豪先生（網名「行寫好」）的新著，《印度南北千里走單騎》。

　　我與邢先生在網上神交十年。儘管我們沒有面對面交談過，但是通過邢先生的旅程分享，他的文字和經歷，以及與網友的互動，我們卻好像是相知多年的老朋友。只有在互聯網時代，才有這樣的「奇跡」。

　　大約十年前，在文學城的旅遊論壇《世界風情》，我讀到了一系列遊記，從巴勒斯坦的首府 Ramallah，到伯利恆，約旦的佩特拉，還有布加勒斯特，索菲亞等等。也從此「認識」了遊記的作者，「行萬里路，寫萬言文，好天下事」的行寫好，邢先生。

　　十多年前，一個中年人，敢於做獨行俠，走過以色列，巴勒斯坦，約旦，一路北上到土耳其，希臘，保加利亞，羅馬尼亞，不論從哪方面說都是一個壯舉。而作者平和的心態，處變不驚的為人之道，平淡樸實而又營養豐富的文字（用網路語言說，有很多乾貨），特別是，這一切出自一個清華高才生，留美理工科博士之手，這一切的組合，怎能不令人多加關注一下呢？

　　恰好，讀到邢先生遊記的時候，我自己也在計畫中東三國的自由行（埃及，約旦，以色列）。先生的遊記對我幫助甚多，也從此開始關注先生。

　　先生不僅喜歡旅遊，還喜歡與當地人民近距離的交流，瞭解當地的風土人情，歷史文化，社會習俗，人民風貌。這些都是一般的旅遊者所缺少的。而先生在這方面的文字和分享，使讀者受益匪淺。先生筆下的旅途見聞，都非常的生動形象，讀來好像真人就在眼前。

先生的遊記數量不算多，但俱為精品。在我看來，先生的印度系列、巴西系列，還有俄羅斯系列，都是遊記中的經典。這幾個系列在文學城世界風情論壇發表時，一時人聲鼎沸，大有滿城爭說之勢。很多網友都在急切等看下一貼。

先生在印度系列遊記開始與網友分享，他自己獨創的「一紙走天下」行程規劃圖，受到眾多網友的讚歎與追捧。很多人也開始學習先生的樣子，規劃自己的旅遊行程。

2014 年底，文學城與著名旅遊網站「路路行」聯合舉辦遊記大賽。邢先生以《重回消失中的上海老家》，《心中的俄羅斯：我來了，你在哪？》兩篇遊記參賽。前一篇撲面而來濃濃的思鄉之情，對記憶中家鄉的回顧與今日對比，令人心動。後一篇是全景式的經典遊記，又包含了豐富的旅行實用資訊，還有作者本人對旅行目的地的真情實感。從聖彼得堡及其周邊，到莫斯科與金環，更伸展到俄羅斯南方，西伯利亞，這篇遊記覆蓋景點之廣令人讚歎。集歷史、文化、反思與旅遊于一章。這兩篇風格截然不同，又俱為精品遊記，表現了先生不同凡響的駕馭能力，以及深厚的文字功底。最後，先生以《俄羅斯》一篇，奪得遊記大賽的唯一大獎。

現在，先生的大作《印度南北 千里走單騎》即將在中國地區出版發行，相信一定會給讀者不一樣的感受，使你對印度有一個比較全面的瞭解。如果讀者看過此書以後，立即來一個說走就走的旅行，我一點都不會感到奇怪。不僅僅因為這本書所描述的旅行經歷，是如此的引人入勝；還因為這本書就像是一個詳細的印度旅行指南，完全可以捧著這本書去印度旅行。此書不僅有各地的人文歷史，風景圖畫，還有所有重要旅遊目的地，以及所有景點的評分。讀者可以一目了然，你該去遊覽什麼地方。這本書對你瞭解印度，去印度旅行，都是大有助益的參考書。

謝謝。

推薦者：海外最大旅遊論壇文學城 – 世界風情首席版主
看風景（Jimmy Yu），2017 年 5 月寫於美國紐約

目錄

印度南北千里走單騎

阿哈，印度！

真心熱望出門看世界瞭解世界和體驗世界的人，是不會不想去印度的。對於將「讀萬卷書」與「行萬里路」視為雙面一體的遊者來說，更是如此。

印度是古老而神秘的。記得自己初來美國時，我的第一個美國朋友「斯蒂夫」是個人高馬大儀表堂堂的愛爾蘭人（但稍胖），他的同胞女友「凱」Kay 最後卻投入了「情敵」的懷抱，一個黑不溜秋的小個子印度佬，甚至後來知道了那傢伙在印度已有家室時，依然癡情。斯蒂夫曾讓我去哈佛廣場她工作的店堂裡替他「相面」過，斯蒂夫絕對「登對」得上她。但據她自己說，迷的就是印度（和印度男人）。這事我印象深刻，從此更覺印度神秘。

印度也是矛盾甚至「可怕」的：氣溫，水質，食物，街道，衛生，治安，都充滿了問號和驚嘆號；更不用提恆河上漂浮著的牛頭和人屍，以及車廂門窗和頂上塞滿的密密麻麻人頭。有人說：印度是對背包客的「終極考驗」；印度歸來後，遊客的反應也往往極端和兩極化。這一切，對於喜歡探索接受挑戰的人來說，恰恰是極大的誘惑和激勵。

我是一個獨行的「拉包客」。不再有「背包客」的年輕，但比他們輕裝便捷。2013 年 8 月，我頂著酷暑，拉著一杆小箱，花了三周的時間，走「遍」了印度南北的德里 Delhi，齋浦爾 Jaipur，阿格拉 Agra，瓦拉納西 Varanasi，古久拉霍 Khajuraho，烏代浦爾 Udaipur，孟買 Mumbai，海德拉巴 Hyderabad，漢比 Hampi，班加羅爾 Bangalore，馬杜賴 Madurai，金奈 Chennai，阿姆利則

Amritsar，以及賈爾岡 Jalgaon，奧蘭加巴德 Aurangabad （為了去阿旃陀 Ajanta）等十多個城市。

　　這裡要說明的是：為兼顧有效性與耐受度，時間上我一個人出門常以二周和三周分別為上下限。印度不會再去，所以選定了上限三周。加爾各答 Kolkata 是第一大城，但偏遠在東，且特色不強，捨了。果阿 Goa 雖是海濱名勝地，但我是去「巡視」（哈哈），而非「度假」，也割愛了。金奈本身平平，但其航班多，可作南方最後一站。馬杜賴航班少，難當「最後一站飛回德里」之責任，幾乎略掉。後來在臨行前一次晚宴上，鄰座一對印度夫婦強烈建議我才恍然醒悟，它是印度教七大聖城之一，應該去。其代價是壓縮了班加羅爾的時間。

　　出發前，我覺得男遊客在印度的「安全隱患」主要不是暴力，而是偷，騙，詐（有點像上海人說的「三哈頭」，耍嘴皮用心眼，而不敢真動粗）。所以我的方針是：儘量不用旅行社，儘量少用計程車。衛生方面：打好預防針，只喝瓶裝水，不去小食鋪，住中等偏上旅館。最後的實踐結果呢，事先的「規定」很難完全徹底地實施，幾乎全被「破例」，倒也沒出任何事。

　　去印度當然主要是參觀名勝古跡，而且多看為好。但我更喜歡和重視主動接近接觸三教九流，直接閒聊交談，並儘量和當地人一樣「摸爬滾打」，去感受活生生的真實印度。

　　在三周裡，我去過五星級賓館，也湊合過蚊子嗡嗡的鄉村小棧；我乘 A 等空調臥鋪火車，也上孟買市郊擠滿人的低等車廂；我曾連續 6 天 6 夜沒住旅館（火車站都有洗浴間，3 盧比，但很髒很簡），白天參觀遊覽，晚上就在臥鋪車裡休息過夜；一般載 2 乘客的嘟嘟車我擠過 11 人（！）；我和當地年輕人一樣「飛身」跳上駛過的公共汽車，也縱身躍下過以每小時約 10 英里行進中的公共汽車 （想起來後怕）；我和印度教徒一樣，在晚上 7 點至 8 點的祭奠時段去恆河最大的達薩斯瓦梅朵 Dasaswamedh 河壇淌過恆河「聖水」，被僧人點過眉心「紅痣」；我混進員警嚴密把守的「信徒 only」 的恆河金廟，在印度教最神聖的壇前一樣彎腰摸檻祈禱。

所到之處，印度各地生活條件和公共設施的落後與髒亂讓我吃驚。大小城市除了小部分中心地段外，到處有牛狗人車同搶道，到處有街窄人擠路不平，到處有蒼蠅蚊子和垃圾，到處有口吐黑痰唾沫橫飛。印度政府對於民生有關的基礎基本建設嚴重忽略，幾十年來幾無建樹。抵達德里的第一天，我就在心裡開始詛咒這髒亂的「鬼地方」，第三天我就想回家了……。但我已無路可退。當然，若參加旅遊團，跟著導遊和其他一大幫人坐著旅遊大巴，每天走「賓館－景點－賓館」的兩點多點一直線，也許就可以大大減少這樣的困擾。但是，遠離平民和遠離平民生活，絕不是我出門看世界的初衷。

　　所幸的是，印度人的友好善良大出我意外；在大街小巷車站餐館公車景點，人們經常朝我微笑，問我哪裡來，還以和我合影為榮；一對海德拉巴教授夫婦掏錢為我買市郊火車票去老城；我也去古久拉霍司機家做過客。我和多位印度人長時間聊過，有老有少，幾成朋友；我開始喜歡這裡的平民百姓。印度人出奇地平和，儘管人多，從未見到公眾場合的爭執和喧嘩。當地人告訴我，通常只有宗教衝突時，人們才會生氣發怒。與我個別交談的男人中，多人認為「性」高於「愛」，並承認有婚外情，但印度的離婚率卻極低。印度人幾乎都信教，而且很 easy going，對政府，對他人，對 everything。他們認為那是印度輸給中國的一個原因。

　　在最後的幾天裡，我忽然覺得印度有點既像阿拉伯（婦女裹頭裹身），又有點像非洲（一眼望去黑乎乎）。印度文字看上去有點像阿拉伯文，只是它從左到右書寫，而非從右到左。印度人種複雜，白的白得像白人，黑的黑得像黑人，平添幾分神秘。他們不說自己「黑」（black），而說「暗」（dark），哈哈。印度男人身材粗壯高大的比例似乎高過中國男人，顛覆了我「熱帶人種矮小者眾」的印象（如越南）。他們認為那是人種優越的表現，因而自我感覺良好。他們認為中國（女）人面部和身材「平泛」，缺乏「凹凸有致」的性感因素。印度女人體態豐滿的多，這與阿拉伯女人同，但中老年發福者卻少很多。其服飾和阿拉伯女人也有類似之處，但色彩極其鮮豔多彩，而非單一的黑白。除印度教外，伊斯蘭是印度的第二大教，我有時也會有類似在伊斯蘭國家的錯覺。當我身處一群人中時，尤其是被青少年像明星一樣圍著，我們會相互對視並微笑，然後開始說「Hello！」那時我有一種置身在非洲某個國家的感覺。

21 天後，當馬來西亞 MH386 航班在上海浦東機場緩緩降落的那一刻，我悲喜交加，真的激動得想哭：終於回家了（真苦呵）！我喝了印度水，吃了印度食，我沒病沒吐沒瀉，成功走完全程。印度南北千里走單騎，是一次極其難得的「煉獄」之行。有如人生之旅，路全靠自己一步一步去走。這背包客的「終極考驗」，讓我看到了一個從未見過的真實的印度。我無怨無悔，珍貴視之。我心裡清楚：教我人生的，往往不是在「天堂」。

　　最後想說一句話：

　　如果你愛一個人，就建議他／她去印度。
　　如果你恨一個人，也建議他／她去印度。

　　印度真是個「鬼」地方，
　　自己體會去吧，見「鬼」去吧！

第一章

人格分裂新德里

印度首都新德里，由舊德里和新德里—北一南兩部分組成。它文明古老，歷史悠久，本身就是整個印度的一個縮影。從舊德里到新德里，從過去到現在；從印度教到伊斯蘭教，從信仰到實踐；新德里充斥著複雜多樣和反差對立。這種矛盾而合一的「人格分裂」，使之成為印度旅遊極有看頭的一個城市。

　　新德里是印度河流域去恆河流域的要道，在交通和戰略上居重要位置。舊德里曾是印度歷史上蒙兀兒帝國的首都，新德里則是印度擺脫英國殖民統治以後的聯邦首都。若追溯得更久，享譽世界的西元前 4 世紀印度史詩《摩訶婆羅多》中所描寫的都城故事，據說就在德里。西元前 1 世紀的孔雀王朝期間德里就已重建過。現在她是僅次於加爾各答和孟買的印度第三大城。

　　新德里的著名景點有十來個，新舊德里都有，分佈得比較廣。公共交通並不能容易地直接到達。若分段乘坐公共交通，加上嘟嘟車或計程車自己走，不如整體協商多景點的包車。我傾向於到達後用所住旅館提供的 package 雇車。由於火車日程需要，我在新德里是三進三出總共三天。基於對該旅館的素質及服務已有的瞭解，我第二次到德里後，就和經理討價還價包租了一整天旅館的司機。由於司機受雇旅館，騙詐機率就小。若想在新德里自駕，只要靠近或走進舊德里，不出點事也得嚇個半死，幾乎是 mission impossible。而當地人開車則幾乎從不出事。

　　諸多景點中故事最多的是紅堡 Red Fort 和胡馬雍陵 Humayun Tomb，其次是蓮花寺 Lotus Temple，古特伯高塔 Qutab Minar，賈瑪清真寺 Jama Masjid ，和總統

府 President Estate 等。當然，故事多，並不一定景觀也好看。

　　景點和歷史有關，而印度的歷史雖長，最出名的朝代卻只有兩個：孔雀王朝 Peacock Dynasty（西元前 4–2 世紀）和蒙兀兒帝國 Mughal Empire（16–19 世紀伊斯蘭時期），二者都和德里有關係。在蒙兀兒帝國時期，印度的建築達到了登峰造極的程度。這個帝國的每一位統治者除了第六代的奧朗則布 Aurangzeb 外，都在身後留下過出色的大型建築。可以說，所有早期的蒙兀兒統治者都是偉大的建築師。而紅堡和胡馬雍陵則是那些建築的突出代表。

紅堡

　　紅堡是蒙兀兒時期的皇宮，伊斯蘭風格。整個建築主體用紅褐色的沙石建造，由此得名。500 多年的它，見證了蒙兀兒王朝曾經的不可一世。和北京的紫禁城一樣，它也有厚重的城牆和護城河環繞。堡內有不少功能性的宮殿，用來會見國內知名學士學者或各國使節和王朝高級官員，或者用來內部開會議事等。紅堡自 1639 開始建造，耗時近 10 年。城牆高聳，氣勢非凡，在設計時同時兼顧了美學及戰略考慮。不過其內部的建築在我看來，就沒有那麼耀眼了。

圖 1-1 紅堡正面圖。

紅堡大概是新德里最應該去的，不過除了雄偉的外景，裡面的建築及其現狀也許會讓你失望。
我的感覺是：不可一世的蒙兀兒帝國的皇宮，也不過如此嗎？

　　紅堡入口處有兩道大門。第二道大門叫拉合爾門 Lahore Gate。外牆上的
多重大小拱門裝飾，是典型的伊斯蘭風格。紅堡內還有個白色的莫蒂清真寺 Moti
Masjid（國王也要禮拜）。是堡內顯得最破敗凋落的建築。

　　紅堡內的貴賓覲見宮 Diwan-i-Khas，是個類似於議事廳的地方，也稱「密室」
Inner Sanctum。據說是國王最喜歡和常去的地方。紅堡內的一般謁見大廳 Diwan-
i-Aam，則是國王會見國內知名學士學者的地方。

　　當我走出紅堡，眼前是城牆和過去的護城河，河已乾枯。紅堡外站著武裝警衛。
據說是防備恐怖攻擊的。城牆腳下髒亂已現。

圖 1-2 紅堡內冉瑪哈勒宮 Rang Mahal。

蒙兀兒王朝的權力之座曾經的所在地，據說孔雀寶座 Peacock Throne
曾放在此。這是堡內保留維護得最好的一處了。

圖 1-3 紅堡內柱大廳 Pillared Hall 一角。

也是一般謁見大廳 Diwan-i-Aam。

胡馬雍陵

　　胡馬雍陵則是蒙兀兒王朝第二代皇帝胡馬雍的陵墓，它是伊斯蘭教與印度教建築風格的典型混合。主體建築也由紅色砂岩構築。它整體莊嚴宏偉，亮麗清新，是印度乃至世界建築史上的精品，據說泰姬陵就是仿照胡馬雍墓建造的，所以外形相像。但是當你走近它時就會發現，其細節的設計和施工建造卻比較平泛甚至粗糙，與其整體佈局的恢弘大氣相當矛盾不符。

　　有意思的是胡馬雍本人的故事。「胡馬雍」本有「幸運者」之意，生活裡的他卻是個倒楣蛋。其父巴布爾雄才大略，奠基了蒙兀兒王朝，他卻軟弱寡斷，在位時兩度被阿富汗人打敗，毀掉了其父在印度的事業。流亡 15 年後在伊朗幫助下好不容易捲土重來，卻意外地從德里的藏書樓樓梯上跌了下來，並因此而喪命。更有意思是，打敗胡馬雍的阿富汗蘇瑞王朝皇帝家族的墓（八角之屋），也在胡馬雍陵中占著一席之地，不過，該陵是其後人所建，並非出自他本人。

圖 1–4 胡馬雍陵正門景觀。
大氣，端莊。頗有泰姬陵神韻，其實泰姬陵是學它的。

胡馬雍陵入口大門有伊斯蘭風格的拱門壁龕，而且是兩層的。不過其施工的工藝水準怕是難稱「精工細作」。胡馬雍陵的整體設計安排就是一個花園。胡馬雍正廳裡的石棺，有說是衣冠塚而已。它面朝西，朝麥加方向。

蓮花廟

　　蓮花寺的正名是「靈曦堂」，屬於「巴哈伊信仰」，建成於 1986 年。巴哈伊信仰曾譯為「大同教」，由伊朗人巴哈歐拉於十九世紀創立。它的宗旨是創建新的世界文明，實現人類大同。其基本教義概括為三條：上帝唯一、宗教同源、人類一體。聽起來不錯吧，難怪巴哈伊信仰在世界各大宗教中最年輕，卻在新興宗教裡發展得最快。目前，它已分佈於全世界 200 多個國家和地區。

　　蓮花廟風格別致，不同於印度教或伊斯蘭教。它外貌像一盛開的蓮花。遠看與悉尼歌劇院有幾分相似。蓮花在印度教和佛教派中被奉為神物，是當代印度人心目中的國花，所以這座廟宇一建成就備受印度人喜愛。其內部設置十分簡單，只是一高大空闊的聖殿，無神像，無雕刻，無壁畫，無裝飾。光滑的地板上安放著一排排白色大理石長椅。教徒以及參觀者不需進行特殊的儀式，只要脫鞋進殿，在大理石椅上就座，沉思默禱就行。此寺的另類與新潮，恰好反映了該教派的年輕與現代。

　　蓮花廟1986年12月開放到2002年時的統計，就已吸引了5000萬名以上遊客，成為世界上被訪問次數最多的建築物之一，甚至超過了埃菲爾鐵塔和泰姬陵（！）。我去的那天下午，排隊的人群蔓延百米看不到頭，導遊甚至勸我放棄，在外面拍點照算了，因為我傍晚還有火車要趕。我堅決不幹，結果旅館司機（年長些的另一人）下車領我走近入口處，一把「塞」進隊伍裡，我便很快就進去了。

　　前來蓮花廟參觀的人每天絡繹不絕，隊伍長而又長。儘管它既非伊斯蘭教，也非印度教的廟宇，而是「大同教」的。

圖 1-5 大同教的蓮花廟。
如同它的教義，簡潔明快，現代而新潮，很貼近印度老百姓的心。

古特伯高塔

　　古特伯高塔是印度七大奇跡之一（國內民選），由奴隸王朝第一個國王古特伯於 1193 年所建。建造的目的是象徵勝利，故又稱勝利塔。它融合印度教與伊斯蘭教的特色（又一矛盾綜合體），塔身上鑴刻有精緻的阿拉伯文《古蘭經》部分經文。其獨特的設計造型很有看頭，令人讚歎。**古特伯高塔共五層，高 75.56 米，底層高 29 米，基部直徑 14.5 米，頂端直徑僅 2.5 米，高塔下面三層紅色砂岩構造，上面大理石築成。古特伯高塔塔身上鑴刻著阿拉伯文《古蘭經》部分經文和各種花紋圖案。**

圖 1-6 古特伯高塔。

賈瑪清真寺

　　賈瑪清真寺是全印度最大的清真寺（「賈瑪」意「大」）。全寺沒有使用木料，地面、牆壁、頂棚都採用了精工細雕的白石，用鉛灌封，十分堅固，被稱為「建築奇跡」。德里曾是穆斯林聚居的城市，1947 年印巴分治後，大批穆斯林遷往巴基斯坦，但在德里還擁有大批穆斯林，賈瑪清真寺就是他們做禮拜的場所。賈瑪清真寺在舊德里中心繁忙的義賣市場街 Chawri Bazar Road，那裡的髒亂，是舊德里的典型寫照。賈瑪清真寺有 3 個圓頂，兩座高 41 米的宣禮塔（圖不全），及東、南、北三座大門，圖中即最大的東大門，原先專供帝王進出。

　　賈瑪清真寺高大而莊嚴，建築在一座岩石小山的高臺上，距離地面大約有 9 米，遠遠望去，三座弧形突起的白色圓頂和兩支高聳的尖塔，在藍天白雲的襯托之下，雄偉壯麗。只是當你站到它眼前時，周圍的環境大大損壞了它的「偉大形象」。

圖 1–7 賈瑪清真寺。

興建於 1650 年 10 月 19 日（星期五），動用 5 千名工匠，歷時 7 年完成。下令修建這座清真寺的，是興建泰姬陵和紅堡的同一人：蒙兀兒帝國第五代皇帝沙賈汗，那個可憐的癡情國王。

總統府

　　印度總統府在市中心，與印度門東西對望。它建於 1913–1930 年，原為英國總督府，獨立後改為總統府，是一座宏偉的宮殿式建築（群）。前院豎有一根高大的齋浦爾石柱。所謂齋浦爾石柱，我猜就是「阿育王柱」，或是其變種。鐵柵欄門外陳放著 4 門銅炮，總統府內有宮室、涼亭、噴水池、長廊和花園。據說每年春天向公眾開放 1 個月。但我去時不僅不對外開發，甚至不允許在附近長時間逗留（導遊說的，但我並沒遭到員警的催促或驅趕），只可以拍拍照。

圖 1–8 總統府。

前院豎著的一根高大齋浦爾石柱隱隱可見（中間）。這一帶是印度的「面子工程」之地。

　　其他的重要景點有：印度門 India Gate，納拉揚廟 Narayan Temple，洛迪花園 Lodi Garden，甘地傳承地 Gandhi Smriti ，國家博物館 National Museum ，古天文臺 Janta Manta ，議會大廈 Parliament ，班戈拉‧撒西比褐師所 Bangla Sahib ，還有新德里的交通樞紐中心康諾特地區 Connaught Place。

印度門

圖 1-9 印度門。

新德里的地標，建於 1921 年，位於新德里的心臟。高 42 米，由紅色砂岩和花崗岩建成。最初稱為全印戰爭紀念館，紀念在第一次世界大戰和第三次英阿戰爭中為英屬印度而喪生的90000 名不列顛印度士兵，它相當於印度的「凱旋門」。

納拉揚神廟

　　納拉揚神廟是德里最著名的印度教神廟。寺廟黃紅色為主，與一般印度教廟不同。廟內裝修華麗，供奉著吉祥天女的神像，在印度教中，吉祥女神象徵著財富、美麗和繁榮。神廟既如宮殿又像城堡，佈局則是印度教廟宇典型的「前殿後塔」風格。實際上後面的高建築，只是神殿後部的尖頂，而非真正意義的塔。

　　由於德里沒有歷史悠久又建築風格獨特的印度教寺廟，納拉揚廟奇特的外觀加上色彩濃烈的神像和裡面描寫神話的壁畫使得它在德里享有盛譽。

　　納拉揚神廟由印度大工業家 Birla（貝拉）出資所建，並於 1931 年由聖雄甘地揭幕。它周圍的街道也還算 Ok。值得一提的是，它位於新德里的中心地段，康諾特地區西邊。再不乾淨整潔一點，就太說不過去了。

圖 1-10 納拉揚神廟。

這是一座巨大宏偉而且現代化的大理石建築，彩色的玻璃上描繪著印度教聖典中的場景，寺廟供奉的主神為財富女神拉克希米和保護神納拉揚。

洛迪花園

圖 1–11 洛迪花園。

　　洛迪花園又稱巴達‧貢巴德清真寺 Babda Gumbad Mosque 。這裡有 5 個 15 至 16 世紀德里統治者的陵寢古蹟。洛迪花園是一個很大的公園，佔地 90 英畝，很多的德里居民喜歡來這邊野餐遊玩。年輕人則來這裡約會「撒野」，哈哈。

國家博物館

　　國家博物館是印度最大的綜合性文化博物館之一，印度總理尼赫魯倡議而建。雖然不大，卻很值得一看。

　　國家博物館是一座三層樓建築，館內藏有印度上古時期至今不同地區的各種珍貴歷史文物，包括古代手工藝品、銅器、陶器、雕刻等藝術品。同時還藏有佛教與印度教藝術品、染織品和古錢幣等。此外，館內還陳列有部分珍貴的外國文物，甚至包括中國的甘肅敦煌繪畫、西藏宗教器物等。

甘地傳承地

圖 1–12 甘地傳承地。
來甘地傳承地參觀的人不少，以印度人為多。它簡潔端莊，薪火長傳。

德里古天文臺

圖 1–13 德里古天文臺。

　　德里古天文臺是印度的三大古天文臺之一。並非最大，最大的在齋浦爾。建於
18 世紀。當年星象家觀測天象、預測事務的場所。印度天文學起源很早，約 3000
年前，就創立了自己的曆法和獨具特色的宇宙理論。但不重視對天體的實際觀測，
直到 18 世紀才有這樣的天文臺建立起來。而且印度歷史上也沒有過古天文臺對新天
體的觀測和發現方面的貢獻。

國會大廈

圖 1–14 國會大廈。

國會大廈位於總統府的東北面。採用圓盤形狀，主體四周為白色大理石圓柱，其建築風格融合了印度傳統風格與維多利亞時期的特點。是一座現代化的建築，格調十分高雅。可惜由於安全原因，遊客甚至連走近並逗留久一些都比較難。

班戈拉．撒西比楬師所

　　班戈拉－撒西比楬師所是德里最大的錫克教謁師所。可惜不讓拍照。錫克教拜的是它稱為「上師」的領袖，而不是神。「謁師所」即相當於它的「廟」。歷經十個「上師」後，錫克教進行了改革，第十一個「上師」不再是某個人，而是由過去上師們的精神和語錄匯集而成的「格蘭斯沙希伯」一書，稱為「經典上師」。

錫克教認為人生活的本分就是敬拜「真名」，反對印度教和回教繁複的儀式，反對偶像崇拜、禁欲行為和在恆河沐浴，或往麥加朝聖。信徒要牢記上師的教訓，培養高超的品格和內涵。錫克教沒有神像，拜的是經典。祭壇上通常有兩個大箱子，裡面放的是經典，外面用布蓋起來。知道這些之後，我對錫克教刮目相看，倍生敬意。

新德里留給我的印象，是在我所見印度各地各城市中，從門面外觀到實際內涵，矛盾反差最明顯最強烈的，說新德里「人格分裂」並不過分。舊德里的狹窄擁擠髒亂落後堪稱各都市中數一數二，新德里的綠化寬闊恢弘現代又是全國之最，尤其是印度門總統府國會大廈及康諾特地區一帶。但即使是在新德里那些最繁華的中心地段，拐一個路口走到後街，髒和亂通常又會出現。

新德里的「人格分裂」又是多層面的。印度教與伊斯蘭教的互相滲透又矛盾對立體現在生活的方方面面。當地人儘管性情平和，卻常會為宗教衝突而生氣動怒。歷史上印度教在伊斯蘭入侵時，曾委身求全得以生存並「同化」融合了部分伊斯蘭教，而佛教則沒有善於「溝通」而幾近被「趕盡殺絕」。但是印度教和伊斯蘭教畢竟不同，老印最內心深處的微妙感受我也不得而知，但是帶我一天的年輕導遊 M 在無意中提起時，曾直言道：我恨（hate）伊斯蘭教。他和司機都是印度教徒。

教徒也有「人格分裂」的。儘管大家都信教，而且教規教導他們向善律己節欲，但生活中的他們（尤其是年輕人）卻是心情矛盾言行不一的。那位 M 告訴我，「性」高於「愛」，前者實在，後者虛無。他 23 歲，就已經交過 5、6 位女友了，而且每個都會有性關係。他最近的一個是墨西哥女孩，才幾個月就（剛）吹了。我問：你們也「來」？他說：每次都「做」。我在想，大概那「小墨」也覺察到他更在乎的是性。在洛迪花園的草地前，他說，這裡是年輕人喜歡來約會的好去處。走過一個破舊建築的牆角時，他告訴我：我們就在這樣的地方做愛。我說：公共場所員警不管嗎？他說：管。但給點錢就沒事了。他說這些時，神情稀鬆平常，甚至有點自得。

真一個「多姿多彩」的新德里！

第二章

情系紅粉齋浦爾

齋浦爾在新德里西南約 250 公里，不算遠。連同東邊的阿格拉 Agra，成了一個以新德里為頂點的小三角形，那就是大名鼎鼎的「金三角」，印度旅遊必去的精華之地。

齋浦爾是一個著名的古城。與其他古城窄小混亂不同的是，齋浦爾初建時就有良好的城市規劃，大街也造得筆直寬闊。這要歸功於 300 年前的那個天才王公薩瓦伊·傑伊·辛格二世 Sawai Jai Singh II，他是蒙兀兒皇帝奧朗則布最重要的庭臣，也是本地的琥珀王國之君。作為政治家、武士、梵文和波斯文學者、天文學家和建築師，他都堪稱偉大。齋浦爾就是他規劃修建的，至今仍是全印度最美的城市之一。他名字中的「薩瓦伊」是皇帝授予的頭銜，意为「才智」，可世代承襲。聞名於世的風宮 Wind Palace，市宮 City Palace，及古天文臺 Janter Mantar，都與他有關。

除此之外，齋浦爾的著名景點還有琥珀堡 Amber Fort 和亞伯特博物館 Albert Hall，總共 5 處。風宮，市宮及古天文臺三者在市中心相鄰，幾乎就是一體的。亞伯特博物館也在市里。所以我的計畫給了齋浦爾一天的時間，結果依然沒看夠。我後悔沒有多加一天多加幾處景點。

風宮

　　風宮本名是哈瓦‧瑪哈勒宮 Hawa Mahal，建於 1799 年，但設計者並非王公。它名為「宮」，其實只是一堵「牆」。牆面浩大，牆後卻沒有大堂，沒有房間，只有蜂巢般的 953 扇窗。窗用紅砂石鏤空而成，呈半個八角形，設計得無比巧妙，會讓任何地方都可有風吹入，故稱「風宮」。同時因為還鑲嵌著許多玻璃，每當明月當空，整座風宮會閃閃發亮，尤如繁星萬點，故又稱「月宮」。

圖 2-1 風宮。

這面牆其實就在大街上，不進去也能看到，路上行人手伸長點好像就能摸得到（沒試）。但遺憾的是，下面街面上依然有很多垃圾，那是「印度特色」，沒辦法。

　　風宮設計建造的目的，是讓宮內眾多嬪妃俯瞰街景和慶典，而不被外人看見自己的面容。宮內的設計使得狂風來襲時，只要把窗戶都打開，就不會被吹倒。所以風宮亦有「屹立不倒」的意思，它是印度建築史上的傑作。

圖 2-2 風宮背面。
風宮買門票進去後才能看到的背面，其實就是一堵牆，牆後有不寬的走廊走道。

琥珀堡

琥珀堡是當年「土蕃」琥珀王國的首都，位於城郊約 11 公里處的一座叫琥珀的小山上，故而得名。它由當時的國王（王公之父）於 1592 年始建，依山傍水，層層疊疊，極為壯觀。宮殿的拱形屋頂、幾何圖形和細格子窗櫺、大理石廊柱和花朵植物雕刻，都受到蒙兀兒（伊斯蘭）建築風格影響。

琥珀堡內有多個不同時期的宮殿，最著名的是 1675 年建的鏡子宮 Sheesh Mahal，其宮牆上有無數面小鏡子，在陽光下，流光溢彩，非常漂亮。其四壁有拇指大小的水銀鏡片和彩色寶石（現已改成贗品）鑲嵌，與泰姬陵的做法一樣。只需燃起一點燭光，即可反射出千萬點的光芒閃爍，堪稱世上絕無僅有的奇觀。

圖 2-3 琥珀堡層層疊疊，這是進門後往上攀登時抬頭所見的景象。

圖 2-4 古土蕃王首都的琥珀堡。

依山傍水，氣勢雄偉。

圖 2-5 琥珀堡內的主要宮殿，資料上又稱「象頭神大門」 Ganesh Gate。

圖 2-6 琥珀堡內名聲最大的鏡宮，正式名稱是 Sheesh Mahal。

俗稱 Palace of Mirrors。牆上和頂上鑲嵌有無數小鏡片。

古天文臺

　　古天文臺也是那個王公所建，加上在德里和瓦拉納西的，印度共有三座古天文臺，但只有這座規模最大，而且現在還在使用。不過近代科學的飛速發展，極大衝擊著印度的傳統學術體系。由於沒有望遠鏡之類的先進儀器，齋浦爾天文臺並沒有為後世留下什麼科學發現，只是作為一處超越宗教、純粹的學術性建築遺產而流傳了下來。

市宮殿

　　市宮殿由王公於 1726 年建造，現在依舊有其後代居住。皇宮主體是一座裝飾精美的 7 層建築，其龐大的粉紅色附屬建築群（三四層）環繞四周，其中一部分現已被改建為博物館。

　　市宮殿保存完好。裡面有很多珍寶，包括世界上最大的兩個銀瓶（見圖）。王公是一位十分虔誠的印度教徒，每日沐浴，就用這大壺裝水。1902 年王公出席英國愛德華七世加冕儀式時，這兩個銀壺曾裝恆河河水隨船與他一起進行了英吉利之旅。現在這兩個世界最大的銀製品已被收錄進《吉尼斯世界紀錄》。

圖 2-7 城市皇宮。拱門建築，正式的入口處，裝飾極為精美。

圖 2-8 城市皇宮內 7 層高的「吉祥宮」
Auspicious Palace。

正式名為 Chandra Mahal。最主要的建築是它。
吉祥宮除一層對外開放之外，其他 6 層仍有皇室後人
居住。需要繞到後面才能看到它的雄偉。
周邊粉紅色建築即為宮殿主體。

圖 2-9 城市皇宮。
內貴賓觀見宮所展「金氏世界紀錄」的世界最大銀製品。
當年王公裝水沐浴所用，也曾裝滿恆河水不遠萬里運到英國，
伴隨王公去參加英國愛德華七世加冕儀式。

亞伯特博物館

　　亞伯特博物館是齋浦爾最古老最著名的的博物館，於 1876 年在一位英國陸軍中將的監督下建造。所以其建築風格結合了印度與英國的靈感，稱之「印度 – 撒拉遜」式 Indo–Sarcenic，又稱「蒙兀兒 – 哥德式」。其特點是有很多支柱、庭院和拱門，給人一個非常傳統而不失優雅的外觀。新德里總統府及孟買維多利亞火車站都是那種風格。

圖 2–10 亞伯特博物館。齋浦爾最古老的博物館。
印度 – 撒拉遜式的建築，又稱蒙兀兒 – 哥德式。基本上是印度和英國風格的混合。

　　在齋浦爾的一天下來，我是帶著遺憾和不捨離去的。齋普爾是一座詩意的城市，有一個詩意的名字——紅粉之城，因為到處可見粉紅色。齋普爾又稱「玫瑰城」，因為印度人覺得粉紅色的玫瑰最珍貴。市中心大街上有一些普通建築，並非什麼古跡，但也通常會採用典型的紅粉之城齋浦爾的風格和粉紅色。

然而，齋浦爾依然不缺髒亂與貧窮的一面。

黑夜中嘟嘟車送我到城市宮殿前時，周圍寂靜無人，我就在馬路沿坐下。當時有點害怕碰上歹徒，畢竟空無一人。正是來印度的第三天，我開始想家。

不知過了多久，路上開始有人和牛走動。忽然身邊有「兮兮」響動，地上「放」著的長條「物」蠕動起來，定睛一看，竟是裹著的「人」在地上翻身！我嚇了一跳，忙站起身仔細端詳，自己身邊人行道上那一排溜整齊的長條「物」，竟都是裹身躺著睡覺的人，滿街足足有二三十人之多！本照片中天已發亮，多數夜睡人已起「床」，但還能看到幾個人仍躺在人行道上。

圖 2-11 城市宮殿前的街景。背對的是其入口處。
黑夜中嘟嘟車送我到這裡。後來才知道人行道上都是些躺著過夜的人。

圖 2-12 城市宮殿的入口處景象。

凌晨天已亮，人行道上的夜宿者還有一些沒起「床」。他們中有乞討者，但很多是小商小販生意人。攤子販車就在附近放著，人在就近人行道過夜。白天就做景點處遊客的生意。賣水果，飲用水，印度奶茶，簡易速食品，小紀念品，等等。

我也在市中心街角處看到一個祈禱間，就在我等汽車的附近。我問了，是印度教的。一旁有個掃街的婦人，其實只是垃圾搬家，我在那一帶半個多小時，未見她用任何簸箕類的把垃圾弄走。風宮其實就在前方一二百米處的街面上。

但是齋浦爾更是個熱心多情的地方。短短一天，我已感受到了它火熱玫瑰的紅粉溫馨。我忘不了三件小事：

我的火車到達齋浦爾時是凌晨不到 5 點（誤點）。我決定叫嘟嘟車先去市宮殿，因為那裡是市中心。討價還價後，我要了一個小夥子的車。他看上去還是個孩子，上車後一聊，果然才 19。他比我還能說，誇自己價格公道，我說，你的價還是比給本地人的要高出 20 多呢，我知道的。他說，那是因為「夜間」行車費。哈！巧嘴善辯，但不無道理，我開始喜歡他。中途他看到路邊黑暗中的小攤，停了車去要了兩杯印度奶茶，那是印度人每天一睜開眼就必要的。他也要給我一杯，雖然我最終謝絕了（因為我那時還在堅持不吃不喝印度的「小攤」飲食），但心裡還是暖暖的。齋浦爾人的熱情，我一開始就感受到了。

到達市宮殿後,我知道這裡景點開門較晚,決定天亮後先乘公車去琥珀堡,將等候的時間有效地花在路上。但我只知這一帶有車,卻不知是哪趟車,更不知具體在何處上車。印度公車很少有站牌,在中心廣場,我問到了一個賣報人。他停下手中的買賣,詳細地告訴我車站就在這一角,並說該車沒有車路號,車來了會指給我,讓我待在他身邊。在半個多鐘頭裡,他抓緊機會就和我說話,回答我的問題,連我上廁所,也是他指的路。後來第二個賣報人出現,我就避到了一邊,再也不願耽誤他。我拍下了他的身影,我要記住他(見圖)。

圖 2-13 市中心一帶,繁忙的公車轉運站(但不會有車站牌!)
為我耐心指路的那位善良熱心的賣報人。我拍下了他的身影,為的是要記住他。看看地上的垃圾,在印度非常典型。

　　我要的車來時,車挺空我卻沒上,因為時間還早。後來的車變擠了,售票員下車拉客,我搖頭。下一輛車依然擠,我依然笑著搖頭,但這售票員好像懂我,上車去了會兒就下來再邀我上車,旁邊人告訴我:你有座了。我狐疑,從前門上去後,見司機左手兩個座位上,一婦人正在起身讓我,我馬上擺手,說:怎麼能叫婦女給我讓座。售票員一把拉住我,旁人解釋說:她一站就下車。我這才坐下,連聲感謝。

那婦人就站在我面前，我拿出相機拍她，周圍的人好奇看我。我說：我要把你寫進文章。她忽然說了一句話，旁人說：她說要你給她照相機！眾人笑，司機也笑，我說：我旅遊不能沒相機，你留 email 給我吧，眾人又笑。我逗她，因為她嘴尖心慈，人風趣。

我心情大好，車雖擠，卻是我在美國和國內從未有過的乘車體驗。到達琥珀堡站時（並非終點），售票員在人群中塞給我一包東西，我不解。下車後回頭，售票員示意我撒給堡前的鴿子群，原來那是一袋葵花籽。我揮手和車裡人再見，心中充滿了溫馨。

當夜我坐火車走了，睡前回想起那些陌生而又熟悉的面孔：嘟嘟車小夥，廣場賣報人，那售票員，那司機，當然還有那中年婦人。他們代表齋浦爾，他們就是齋浦爾，那溫情火熱的紅粉之城……。

圖 2-14 風趣幽默友好的印度婦人。

第三章

刻骨銘心阿格拉

阿格拉 是印度「金三角」的最後一個，也是最小的一個；卻是最重要的一個；因為被稱為世界第八大奇跡的泰姬陵，就在阿格拉。

阿格拉並不僅僅只是泰姬陵，它還有大名鼎鼎的阿格拉堡。阿格拉堡也稱「紅堡」，與德里的「紅堡」同名，但比德里的歷史更久更有看頭。阿格拉曾二度成為印度史上最出名的蒙兀兒帝國的首都，而且它最重要的前六個皇帝中的幾位，都在這裡留下了故事。

第一個皇帝是巴布爾，雄才大略，開國奠基者，把首都從德里遷到阿格拉；第二個是胡馬雍，優柔寡斷，倒楣蛋一個；他的兒子卻十分了得，在阿格拉風生水起，即大名鼎鼎的阿克巴大帝，他使帝國開始繁榮昌盛；第四個賈漢吉爾，帝國繼續繁榮並達到鼎盛；第五個沙賈漢，就是泰姬陵的建造者和主角，癡心情種，為修泰姬陵耗盡國力，使帝國開始走下坡；他的兒子就是殺兄篡位成了第六個皇帝，卻因囚禁生父的奧朗則布，他使帝國疆域極大化，卻在其後帝國走向衰亡。

泰姬陵和紅堡均為世界遺產。此外，阿格拉北邊 10 公里處還有一個阿克巴大帝陵墓，但遭外族侵襲破壞，古跡已所剩無幾。阿格拉西南 37 公里處還有一個叫法塔赫布爾‧西格裡 Fatehpu Sikri 的古城遺址，也曾是蒙兀兒帝國的首都，但由於水源等問題十來年後就放棄了，它是阿格拉的第三個世界遺產。

我在阿格拉堡火車站旁旅館住了一夜。第二天一早沿著亞穆納河 Yamuna 步行先去泰姬陵，為的是途中可從背面遠眺泰姬陵。步行距離約1英里多點。

泰姬陵

圖 3-1 從亞穆納河畔遠眺晨曦中的泰姬陵背側，莊嚴肅穆。

泰姬陵早晨 6 點就開門，但「早票」貴很多。據說泰姬陵是唯一時段不同票價也不同的景點。那天正遇上伊朗總統來參觀，人山人海等到 11 點半才開放。對外賓，售票有專窗不太擠，並免費贈送瓶裝水，不錯吧，代價是門票要貴得多：國人 20 盧比，老外 750。哈哈，老印不傻。進門有多道堅固的高鐵欄維持隊形，我左邊一隊很短，有人在爬「欄」跨「杆」插入該隊，就也爬了過去，那隊果然前行得很快。將到入檢口時，右邊隊裡男人們對我笑，我才注意到本隊都是婦女，站錯隊了。奇怪的是，前後的女人們都沒吭聲。男人們趕忙伸手扶迎我爬越欄杆進到他們的隊中。老印真友善。

泰姬陵的第一道大門是 Darwaza-i Rauz 大門，明顯的蒙兀兒風格：紅砂岩，雙層拱門，對稱牆角亭，經文書法幾何圖形及植物花草裝飾等。進入大門的庭堂向前望，氣勢恢弘而又嫻靜肅穆的泰姬陵，就在眼前！

　　泰姬陵是沙賈漢為紀念其愛妻而建。它顛覆了以往蒙兀兒建築紅砂岩的傳統，力推白色大理石，並且在內外裝飾上，採用大量的寶石，水晶，玉，瑪瑙，珊瑚等作鑲嵌。而大理石和寶石這兩項，正是沙賈漢的最愛。

　　整個泰姬陵園的設計借鑒了胡馬雍陵，卻全面超越之。它佈局單純，陵墓是唯一的中心。胡瑪雍陵居於方形院落中心點，而泰姬陵卻位於中軸線最末端，所以一進大門，就有足夠的觀賞距離和寬闊的視野，使景觀極其震撼。

　　泰姬陵的洋蔥頭四周的尖塔，其高度被設計成真正可以實用的清真寺宣禮塔（40米）。它似墓似寺，加強了人們對它懷有和對清真寺同樣的崇敬心情。

　　大門設計得莊嚴雄偉，象徵著天堂的入口。大門頂部有 22 個小圓頂上，刻有「古蘭經」的詩句，象徵著泰姬陵建造化時 22 年。原先這兒曾有一扇純銀的門，上面鑲嵌著幾百個銀釘。這些東西都已被劫走。

　　泰姬陵的精工細作，也達到了從未有過的高度。除了本國的資源外，它的工匠來自波斯、土耳其、巴格達。珠寶來自中國，巴格達，葉門，斯里蘭卡和阿拉伯。毫無疑問，泰姬陵是世界上完美藝術的典範，代表了蒙兀兒建築成就的高峰。

　　泰姬陵的洋蔥頭大穹頂凌空於上，極為醒目，是該建築最壯觀的特點。大穹頂上下部都有蓮花狀裝飾的環繞，是為突出其大穹頂的高度，同時也融合了印度教的元素。四個角上有四個小亭，進一步重複洋蔥形，強調並突出襯托了大穹頂。小亭子的柱形底部和下方的陵墓頂部是打通的，為陵墓內部提供了光線。

　　從後方側面看主建築和拱頂及尖塔，大穹頂和小亭都有鍍金的尖頂，那是波斯和印度斯坦裝飾風格的結合。大穹頂上面的尖頂最早是黃金的，後被青銅複製品替代。頂尖上方是一個月亮，其角點朝天，典型的伊斯蘭圖騰。主塔尖、月亮和頂尖三者的尖角結合，形成三叉戟狀，呼應了傳統的印度教濕婆的象徵。環繞陵墓的四

個宣禮塔形尖塔，均有環繞塔身的陽臺分為三層。頂部有小亭，與主體陵墓頂部亭子相呼應。這些小亭也有蓮花裝飾，尖頂鍍金。

　　泰姬陵主建築四面都有的拱形大門結構，通常由凹三面組成：兩面為壁，正面為入口。兩面的「壁」稱為 pishtaqs，裝飾著書法紋帶，釉面仿古瓷磚，還有幾何圖案，但伊斯蘭裝飾不會有人物或擬人化圖案。

　　拉近細看，門框上三面裝飾有古蘭經文。這是泰姬陵整個裝飾設計中的一個重要組成部分。泰姬陵主建築兩旁陪伴著泰姬陵清真寺，左右兩側各一。

圖 3-2
走出大門，眼前一亮，泰姬陵轟然聳立在眼前。
曾經多麼敬仰和嚮往過的地方，就在眼前！迫不
及待地先來一張泰姬陵「標準像」，屬於自己親
身親歷親手拍下的泰姬陵。

　　從清真寺門洞看泰姬陵主建築。清真寺大門頂部的裝飾花紋，也是典型的伊斯
蘭風格。

　　泰姬陵地下室那天沒有對外開放，那裡才是安放陵棺的地方。只讓進殿後在一
層大廳裡轉一圈就完事了，也沒法拍照。走出南門時我非常不滿，心想我遊記就起
名「名不副實阿格拉」，後來客氣點改為「盛名之下阿格拉」。但最後動筆時，回
想起那刻骨銘心的愛情故事，看不看棺材好像就不那麼重要了。

阿格拉堡

　　參觀完泰姬陵，就去阿格拉堡，相距 1 英里左右。該堡歷史上曾是個磚塊砌成的城堡。蒙兀兒前的德里蘇丹國王曾從德里遷至阿格拉「辦公」，並住在阿格拉堡。阿格拉當時相當於第二個首都。

　　阿格拉堡也是胡馬雍的加冕地，並在後來成為胡馬雍為復辟王位而拉鋸戰的重要據點。他的兒子阿克巴大帝認識到其重要性，乾脆定都阿格拉，並將快成廢墟的磚式阿格拉堡用紅砂岩重建，改成內磚外岩，城牆高 20 米，具有宮殿和城堡的雙重功能，動用了 4000 人和 8 年時間。不過阿格拉堡成為現在這個樣子，是在大帝的孫子，也就是那個情種賈汗爾手中定型的。他拆了堡內一些建築，加建了一些自己喜歡的建築，都是為了建泰姬陵。

　　阿格拉堡有四個大門，朝西的德里門最宏偉，是大帝時代的建築傑作，為國王專用。現因堡內靠近該門的區域有軍方徵用，所以不對外開放。參觀者只能從南面的阿馬爾‧辛格門 Amar Singh Gate 進出。

圖 3-3 阿格拉堡大門入口。裡面的第三道門叫阿馬爾－辛格門，才是真正的南大門。

圖 3-4 進入阿馬爾‧辛格門後不遠，走完一段小小的坡路後，紅堡內最主要的賈漢吉宮便出現在視線之內。賈漢吉宮是阿克巴為其兒子賈漢吉爾所建並命名。仔細看，門口有個圍起來的大石缸，用於沐浴而非滅火。為何不放在宮內？有一說是當年英軍企圖偷偷搬走，移到宮外便放棄了，太重。

　　阿格拉也是 1857 年結束不列顛東印度公司（以宗主權）統治的印度民族大起義的激戰地，從那以後英國正式直接統治印度。

圖 3-5 一般謁見大廳庭廊景象。

左面有小門是參觀內部的出口。入口在前方。出入口都很小，不醒目，容易錯過。

走過賈漢吉宮再朝裡西北走，就是「一般謁見大廳」 Diwan-i-Am。那時的宮殿城堡，通常都有一般謁見大廳，是國王接見來自民間的學者名士等的地方。

　　堡裡的私人議事休閒廳 Diwan-e-Khas or Private Hall 是商議國事私事的地方。對應於一般謁見大廳，非公開儀式或作秀的地方。「陰謀詭計」策劃地，也是主人喜歡自己待的地方。它再次呈現出蒙兀兒裝飾特色：大量的抽象幾何圖形及植物花草，而無人物或擬人化圖案。

圖 3-6　哈斯宮 Khas Mahal 及旁邊的莫蒂清真寺 Moti Masjid。

這裡過去曾經是葡萄園。基調為紅褐色的「紅」堡內，竟然出現了醒目的白色，這是因為幾代皇帝都曾住過，喜好便會不同。最初是在紅色砂漿岩外塗上白色，最後過渡為純白色大理石。

圖 3-7 後院內層保護工事。

以前為了雙重的安全保證，護城河的內部還有一道防護，類似於壕溝一樣的
城防，可以內養獅子和鱷魚，關鍵時刻可用上。

若換個角度看後院城牆和護城河，以前也曾有木制吊橋橫跨之上，城內層還曾有一「大象門」，即實物大小的石象及騎士。吊橋輕微上升，防的是圍城戰中攻擊者用大象來衝擊粉碎堡壘大門。由於無法直線衝刺獲取加速度，大象破門戰術就難有成效。

　　阿格拉堡中最重要最有故事最有看頭的，就數穆薩滿塔 Musamman Burj 了。它也叫「八角石塔樓」，因為宮殿頂上有個地標一般的八角樓亭，故也簡稱「八角亭」。它就是當年囚禁老國王沙賈汗的地方。它面朝後院，與泰姬陵遙相呼應。

　　據說在修完了泰姬陵之後，老國王每次看到泰姬陵都觸景生情，極度傷悲，因而遷都德里。在那裡又大興土木，修建德里紅堡，為此耗盡國家財力，民怨沖天。三兒子奧朗則布趁機發動政變，殺兩兄，囚老父。可歎沙賈汗癡情夢想一生，不得不在這間小樓裡終其一生。他在這裡一共被囚禁八年，每天只能隔著窗戶，看著亞穆河對面的泰姬陵，想念早亡的妻子。

　　被囚禁老國王常待在穆薩滿塔，即八角亭內灰暗的一角，因為可以從窗戶的小孔，看到泰姬陵。

圖 3-9 八角亭上，老國王默默端坐的小亭樓。無限思念，孤寂哀傷。

圖 3-8 八角亭及後院全景。老國王晚年生活在這樣的環境中。

阿格拉堡的故事和泰姬陵緊緊相連，感人的故事代代相傳。阿姬曼‧芭奴來自波斯，入宮 19 年，用生命陪同見證了沙賈汗的榮辱征戰。沙賈汗封她為「泰姬‧瑪哈爾」，意為「宮廷的皇冠」，三千寵愛在一身。可惜紅顏命薄，她生下第 14 個孩子時香消玉殞。死訊傳來，沙賈汗一夜頭白。

　　泰戈爾說，泰姬陵是「永恆面頰上的一滴眼淚」。淒美的比喻，連著美麗淒涼而又哀怨纏綿的故事。馬克‧吐溫也說，愛情的力量在這裡震撼了所有的人。

　　月光之下的泰姬陵恍若仙境。它不僅表達了沙賈汗對愛妻的深切紀念，也是他給人類留下的一份厚禮。整整 8 年的時間，囚禁中的沙賈汗每天只能透過小窗，淒然遙望遠處河中浮動的泰姬陵倒影。後來視力惡化，僅借著一顆寶石的折射，來凝視泰姬陵，直至最終憂鬱而死。所幸的是，沙賈汗死後得以被合葬在泰姬陵內他的愛妃身旁。

　　泰姬陵因愛情而生，泰姬陵也因愛情的光彩而生生不息。有人說，沙賈汗是好大喜功的暴君，泰姬陵美輪美奐的背後，堆砌著無數鮮血和生命。但是，人們似乎更願意相信這世上真的有情深意重的男子，有穿越時空的思戀，有生死相隨的愛情，有刻骨銘心的忠貞。泰姬陵超越著建築學意義，默默地美麗著，不為別的，只為世人心中那一點對愛情的美好嚮往。

　　2006 年，一位攝影愛好者在泰姬陵拍攝過程中竟然發現了泰姬陵在水中的倒影，呈現了泰姬的少女形象。這個驚世的發現，似乎在傾訴和回應著人們的期盼和祝願：世上的美好不死，人間的衷情永存......。

第四章

千古之魂瓦拉納西

如果說新德里是印度的門面，

泰姬陵是印度的象徵，

那麼瓦拉納西就是印度的靈魂。

瓦拉納西是印度北部恆河邊上的一個中等城市，人口一百萬，據傳已有六千多年的歷史（中國是上下五千年！）。它是印度最古老的城市，也是世界上連續有人居住的最古老的城市之一。它的古老本身就是一個傳奇。

瓦拉納西是一座偉大的聖城。它是印度五大宗教中的印度教、佛教、耆那教的共同聖地，就如同耶路撒冷是世界三大宗教的共同聖地那樣。這在印度是獨無僅有的。

印度第五大的耆那教有兩個教長就誕生在瓦拉納西一帶。第四大的佛教始祖釋迦牟尼祖首次佈道傳教初轉法輪就在瓦拉納西，所以它是佛教著名的聖地。唐代高僧玄奘西天取經的終極目的地，就是瓦拉納西。

印度第一大教印度教擁有人口 80% 以上的信徒。他們認為瓦拉納西是其濕婆神所建，並且濕婆常在恆河邊巡視。他們相信，在瓦拉納西死去，就能超脫生死輪回死的厄運；在瓦拉納西恆河畔沐浴，可洗滌污濁的靈魂；在瓦拉納西恆河畔火化並將骨灰灑入河中，能超脫生前的痛苦。大多數虔誠的信徒終生懷有 4 大願望：敬濕婆神、洗恆河澡飲恆河水、交聖人朋友、住瓦拉納西。四樣中瓦拉納西獨佔其三，可見地位之神聖。

此外，瓦拉納西雖非印度第三大教錫克教的聖地，地位卻亦相當崇高，因為其創始人那納克 Nanak 在創建錫克教之前曾訪問過瓦拉納西，並在恆河邊與印度教徒有精彩的辯論，留下過光彩奪目的經典對話篇，為其後的錫克教義理順了思路，奠定了基礎。

這樣的千古聖城，在巔峰時期總廟宇數曾高達 23000 之多。後來三個多世紀的穆斯林佔領，摧毀了大部分的印度教廟宇，城市也曾進入過衰落期。但即使在它的最黑暗時期，瓦拉納西仍然是知識份子和神學家的活動中心，印度教也從未消亡，而是一直在恆河岸邊徘徊，憂鬱頑強數千年。馬克吐溫曾說：這座城市「比歷史還老，比傳統還老，甚至比傳說還要老」。

可以說，不去泰姬陵，等於沒到過印度。反過來，要真正瞭解印度，要真正懂得印度人，就不能不去瓦拉納西。瓦拉納西是印度的「根」，是印度的「魂」。

在我的計畫裡，瓦拉納西排了兩天一夜，超過了金三角的齋浦爾和阿格拉。瓦拉納西真正是「最印度」的。

抵達瓦拉納西的第一天，我在市里轉悠。市中心我旅館旁有一個 IP Mall，是難得有電影院和一些娛樂的場所，年輕人最愛的聚集地。

IP Mall 裡最高層三樓是個小吃大排檔。一次我鄰桌十來個男女中學生好奇地看我，我正好起身要走，招手「Hi」之。他 / 她們也微笑揮手。這時一男生離座上前來，湊近我耳朵說：Can I kiss you？我意外了一下，下意識地搖頭轉開臉。他的夥伴們笑出聲來。他不甘心，說：只親一下。我笑著再次搖頭，堅決地走開。後面那一桌笑聲更響。我估計，那小子自作聰明，吹牛打賭能夠親上我一口，結果他輸了。

瓦拉納西典型街景，離不開地上的坑坑窪窪。下雨時水通常淹沒路面，難看出何處有坑，嘟嘟車司機通常會細心地繞開走，但水淹看不見了，就是「顛三倒四」的「顛峰時刻」了，不小心會搞得「英雄競折腰」。

圖 4-1 甚至在高等學府面前也有這樣的亂象。

這是在 BHU 大學門前。人們因地制宜，見縫插針，或休息或擺小攤。這裡沒有城管。

　　從街景不難看出，瓦拉納西的第一個特點是「髒亂」，這是印度的「通病」。但還有兩個因素：一，外來的朝聖者很多，對秩序的「攪亂」不可避免；二，走近聖地靠近神喻時的「忘我」反應：信徒們可以忘卻自己，忘卻環境，心中一切都是神的明訓暗喻，對身外的髒亂極具承受力與適應力。日久天長，人們好像沒有意願去改變現狀了。

　　我遊覽瓦拉納西的重點，首推恆河。恆河被印度人民尊為「聖河」和「母親河」，四大文明古國的「恆河文明」就誕生於此。在瓦拉納西的恆河邊，歷代王朝先後修築了大大小小幾十個「祭祀碼頭」，英文叫 Ghat，其實就是一些「石臺階」，有寬有窄，從街面或建築門前向下直達河邊，也稱祭壇或河壇。祭祀祈禱沐浴火葬等各種宗教儀式及活動，都在這樣的河壇上舉行。

圖 4-2 瓦拉納西一條後街區的住宅，很典型。

瓦拉納西的河壇現有八十多個，都集中在西岸。我到達瓦拉納西的當晚，乘車直奔最著名的達薩斯瓦梅朵河壇 Dasaswamedh，那裡每天傍晚 7–8 點都有恆河夜祭。大名鼎鼎的金廟也離它不遠。

夜訪恆河河壇

在通往達薩斯瓦梅朵河壇和金廟的三叉口，我的嘟嘟車必須在此止步，因為河壇 200 米內禁止車輛。我們的車就在一個交叉路口止步。高掛醒目路牌上寫著兩個地名，就是我的目的地。

司機答應停車後陪我步行前往。找到這個司機不容易，通常嘟嘟車都只載到管制區外，不會陪同前往，更不會兼當導遊，價錢只多個停車費。

停車是在一地下庫，我在路邊等，車庫入口站一白人少婦，衣著簡練高雅美豔。我下意識地揮手，她也揮手。我走前問：哪裡來？她答：France。我說：人山人海呵。她說：It's crazy！她也是一個人來，在等司機。我暗想：「電線杆上插雞毛」，好大的「膽子」！但還沒聊幾句，司機叫我了，只好依依惜別。

走近達薩斯瓦梅朵河壇的街上，人山人海，來去的都有。從表情神態和隨身攜物等方面，分辨不出是本地居民還是外地朝聖客，也看不出人們是來祭祀祈禱還是來逛街過夜生活。不過雖人多人擠，卻也秩序井然，很少喧囂。

走了不多遠，終於來到了「嚮往」已久的恆河身邊！見到恆河水的那一剎那，心裡確實有一種「神聖」感，畢竟有這麼多人敬仰它。眼前就是最大最著名的達薩斯瓦梅朵河壇了。八月正值汛期，恆河水位高漲，無法看到下面寬大的臺階群和祭壇的全貌。但從右邊露出水面的雕刻石欄，可以想見其氣派。正面是賣祭品的小販。

這裡的很多祭壇都有各自的傳說，不少還是私人擁有。大部分祭壇用於祭祀祈禱和洗澡，另一些則用作火葬。我周圍人很多，不少人彎腰俯身，但都未久留，「周轉」很快。

　　我在河壇邊站了好一會兒，腳上穿的是涼鞋，感覺到濕了，低頭拍下了腳下的水。河壇邊沿街小商小販很多，集市般熱鬧。畢竟這裡是世俗的。

　　我站在河壇邊原地，轉身看來的方向。就在這時，來了位一身披紅黃相間袈裟的僧人，就像唐僧的那種，但一臂外露。他一手捧盤一手沾紅，要為我點眉心。我不懂習俗，就隨了他。他接著遞來盤中食品，我輕輕轉身回避了。

圖 4-3 街上的牛，在人群中悠閒自得，儼然是老大。

牛變「神聖」，是因為牛是濕婆神的騎乘，也是它的麾下。牛還是人稱「南蒂」的生殖之神；牛對人的生活也難分難捨。不過現在對牛的崇拜已大不如前了。

圖 4-4 最著名的達薩斯瓦梅朵河壇。

圖 4-5 從河壇朝岸上回頭望。恆河水已上岸，街上都是水。

妙闖印度教金廟

看完達薩斯瓦梅朵河壇，我要司機帶我去金廟。他提醒我：非信徒進不去的，孟買恐怖攻擊後，更嚴更難了。但我堅持去看看。

金廟原名是維什瓦納特寺 Vishwanath，意為 Lord of the World，專為濕婆神而建，位於河壇的最北邊。在印度教 12 個濕婆寺廟中，一個金廟就頂得上其他 11 個，地位最高。它毀而重建多次，現在的金廟建於 1780 年。因為有一座 800 多公斤的黃金尖塔（？），故得金廟之名。

司機帶我走向金廟，我很興奮。它離達薩斯瓦梅朵河壇不遠，但要繞很多小街小巷。最後走到有三個員警把口的一條小巷前。司機說：到了。員警搜身，No metal, no drink, no money，相機鑰匙錢包都得暫存起來。司機帶我到小巷口邊一間小屋存物處。我脫鞋，交相機掏鑰匙拿錢包，交過去時很不放心但也無奈。拿到一個牌號，司機說：我在這兒等你。我進巷時，員警再次搜身，搜出一原珠筆，也不能帶。

我一個人朝深處走，路窄燈暗，人倒不太多。兩旁小門面一個接一個，似小鋪也像住宅。一直走到小巷盡頭，沒見廟的影子。回頭再找，昏暗中見一門前站著員警。我問：金廟？他指指斜對面。我過去，是個敞開的大堂，裡面一大一小兩桌子，坐著幾個員警。

我上前，大桌一男警指指小桌，那邊有個女警，先查護照，然後登記。再回到大桌後，他問：Hindus？我搖搖頭。他說：No。就要我走路。我來時想過一招，這時再不試就沒有機會了，便說：But, Buddhism。他抬起頭：Buddhist？我說：yap, Buddhism, I like it。那員警突然善心大發，朝對面的崗警揮揮手。原來那門裡正是金廟，我心中狂喜！

進門前又搜身一遍。奇怪的是，幾次搜身都沒有觸我小腹，那裡才是我的「黃金萬兩」之地呢，哈哈。

圖 4-6 小巷越來越窄，員警崗哨增多。

我不敢舉起相機拍員警，不要「惹事」，一切要確保能走近金廟，哪怕就看上一眼也行。
我在進入金廟區前拍了最後一張照片，是在一小商販門前，賣的都是祭祀品。

　　門裡是個不大的院子，四周靠壁有膜拜點燭放祭祀品之類的佛龕，聚著三三倆倆的信徒。院中有個「堂」，中央有小屋，三面環門窗一面是牆。窗前擠著人，低頭面窗。

　　我站在人們身後朝裡望，房間不足 20 坪米，一二十信徒端坐塞滿。有男有女，中老年據多。中央是一低矮小方池，矮欄圍繞區隔，裡面坐著三四個僧人，有的披袈露肩，有的「赤膊上陣」，從盤裡與信徒遞來送去小果小花。儘管溽熱，氣氛卻平和莊重。牆的另一端，是一開放式大廳，席地而坐幾十信徒，仰頭看平板電視的實況直播，同樣肅穆安詳。

　　我在金廟裡慢慢轉悠，沒人管我。看不懂儀式，只能努力默記目擊的一切。在院裡朝上看，夜色中確實有個「頂」，但不像是「金」的。約兩三層高，與相鄰房屋挨得很近，不由想起上海小弄堂來。眼前的金廟老舊神秘，並無輝煌之氣。這就是那千古傳奇之地！

晚上回到旅館，我腳上還沾著恆河「聖水」，眉間點著印度紅痣，腦裡回閃著恆河和金廟：擁擠昏暗狹窄，專注詳和虔誠。我脫鞋脫襪脫衣沖洗，躺在床上努力回憶。我對自己說：明天我還要去恆河，去看一個白天的恆河……。

第二天一早我就出發了，去恆河邊另一個著名的凱達 Kedar 河壇。

白日恆河再訪

由於絡繹不絕的印度教徒在恆河邊沐浴與火化，恆河有嚴重的污染與傳染病問題。2007 年它躋身五大世界污染最嚴重的河流。糞大腸菌群水準超越政府規定的限制 1 百倍。清理計畫由於官員腐敗技術不足和宗教領袖的不支持，至今不能成功。

教徒們卻相信恆河能夠自我清潔，相信世界上只有恆河水不會滋生傳染病菌，所以他們飲用恆河水，甚至把水帶回家去，在重要的節日再用。信徒的注意力都集中在了來世，對現世的環境反而不聞不問。

恆河水呈灰黃色，日出恆河時，河面呈現一片橘黃，蔚為壯觀。可惜我那天沒見到。站在河邊，河水高漲，河面闊大，確實能給人思考與想像的巨大空間。難怪玄奘讚歎恆河「水色滄浪，波濤浩瀚」。一些苦修的聖徒在河邊冥想數月甚至數年，以期感悟生命的真諦。

當年釋迦牟尼來到這裡時，就以這種方式苦思冥想過。面對恆河的壯麗浩瀚開闊廣博，他冥想出了一種新的思維，接著在鹿野苑開始了初轉。恆河給他留下了極深的印象，以至於在他的教義中，有相當一些與「河」有關的比喻，例如「解脫不明束縛的境界」稱之為「涅」，被比喻為「渡河」和「行船」。又如「抵達彼岸」等，更是耳熟能詳的佛家常用語。

我終於來到了浩瀚闊大的恆河邊。腳下臺階即所謂的「祭壇」或「河壇」。加上水淹沒的部分，靠近河邊的臺階通常更寬更長，可以進行祭祀祈禱火葬等多種宗教活動儀式。訊期河水高漲，已沒致電杆。有人籃裡手裡拿著果子花葉等祭品，有人準備或已經「下水」。

圖 4-7 浩瀚闊大的恆河邊。

　　也有人似乎在旁觀。河壇是自由進出對公眾開放的，除非是私人擁有。多個婦女在準備「下水」。右邊一男似乎帶著瓶桶要裝恆河水。河水雖「混」，卻沒見多少浮物漂流。奇怪的是，來沐浴者，似乎並不帶擦洗毛巾等用品。我沒有觀察到完整的全過程。好像有人在水中倒立。宗教活動和儀式也可以活潑隨意多樣，「修女也瘋狂」嘛。

　　恆河河面確實寬廣闊大。河對岸幾乎看不到什麼建築。主要的祭壇河壇都在西岸的這一邊。面對著天水一方浩渺激蕩，確實容易讓人冥思遐想，感受到一種身心和精神的寧靜與昇華。

我沒有租船沿河「巡遊」一下，主要原因是水位太高，祭壇靠近水邊的主要臺階部分都淹沒看不見，一些宗教活動和儀式減少，無法看到。能看見的就是岸上較高處的河邊房屋建築而已。另一原因是時間不夠了。

圖 4-8 一望無邊的恆河。電線杆都快淹沒了。

　　也許是因為伊斯蘭佔領期間的破壞，瓦拉納西儘管歷史悠久，真正意義上的古跡卻很少。在弒兄囚父的蒙兀兒國王奧朗則布死後，大部分國王才對印度教變得比較友好，許多瓦拉納西建築就在那段時間所建。儘管至今仍擁有各式廟宇 1500 座以上，每年的宗教節日有 400 多個，但除了鹿野苑遺址外，多數建築和神廟都是用水泥和紅磚堆積起來的，也就一二百年的歷史。可以說，瓦拉納西是「古城無古跡」。這是它的另一大特點。

　　我花了半天的時間，叫嘟嘟車遊覽了市內的幾處景點，都離得不遠，但公共交通並不方便。它們是：貝拿勒斯印度教大學 Banaras Hindu Univerity，巴拉特卡拉博物館 Bharat Kala Bhavan，杜爾西‧瑪納斯寺 Tulsi Manas Temple，杜爾迦廟 Durga Kund Temple，巴拉特馬塔寺 Bharat Mata Temple。

貝拿勒斯印度教大學

　　貝拿勒斯印度教大學是亞洲最大的寄宿大學之一，學生數多達 2 萬。印度著名的獨立運動和印度教民族主義的教育家及政治家摩丹‧摩汗‧瑪律維亞 Madan Mohan Malaviya 於 20 世紀初創建。貝拿勒斯印度教大學有藝術科學，工程技術，梵文等學科。

圖 4-9 貝拿勒斯印度教大學。

巴拉特卡拉博物館

圖 4-10 巴拉特卡拉博物館。它是一個藝術和考古博物館，在貝拿勒斯印度教大學校園裡。

杜爾西．瑪納斯寺

　　杜爾西．瑪納斯寺是瓦拉納西最有名的寺廟之一。為紀念著名的梵文和宗教學者杜爾西．瑪納斯於 1964 年而建。與《摩柯婆羅多》並列為印度兩大史詩的《羅摩衍那》就是在這個地方由杜爾西．瑪納斯從梵文譯成印第語的。建築的內外大量採用大理石。大廳牆壁上刻有經文和《羅摩衍那》中的故事場景。

圖 4-11 杜爾西．瑪納斯寺內景。

杜爾迦廟

圖 4-12 杜爾迦廟。

名為「杜爾迦」的廟在瓦拉納西有兩個，我看的這個是更有名的杜爾迦·昆德 Durga Kund 廟。名字來自女神杜爾迦。在一個叫 Navratri 的宗教節日期間，成百上千甚至上萬的印度教徒會來此廟，拜碣杜爾迦女神。

杜爾迦廟的結構是一種稱為 Nagara 的建築風格。它的特點是：蜂箱形的本體加多層次尖頂；並染成紅色赭。

<h1 style="text-align:center">母親印度廟</h1>

聖雄甘地主持了它的 1936 年落成典禮。它貫串了甘地所致力的宗教團結，熱愛國家的精神和目的。 廟內最醒目的是一張印刻在大理石上的印度地形圖。

圖 4-13 巴拉特馬塔寺，又稱 「母親印度廟」。

鹿野苑泰寺

　　我遊覽瓦拉納西的第二重點，就是北郊 10 公里處的鹿野苑。它是佛教在古印度的四大聖地之一。其他三處為：佛祖誕生地（藍毗尼），成佛地（菩提伽耶），圓寂地（拘屍那迦）。

　　鹿野苑曾遭穆斯林嚴重劫掠破壞。直到近代，考古學家們利用玄奘《大唐西域記》裡的準確記載，才找到了遺址，進行了考古發掘，讓這個沉埋的佛教古跡重放光彩。

　　鹿野苑的名字 Sarnath 來自「鹿王」一字，出自一美麗的傳說：有國王喜獵鹿，令眾鹿抽籤，每日一鹿自動獻身供獵殺。一天，國王正欲彎弓，只見姍姍來遲一公鹿氣度高華，兩眼含淚。國王驚訝。那鹿竟吐人言，原來是鹿王。今輪一母鹿要被射殺，牠已懷孕。鹿王不忍，重抽又不公，遂由自己替代。國王感動，下令這一帶永不許獵鹿。這裡遂成鹿的天堂。中譯「鹿野苑」。

　　鹿野苑作為地名，共有三處景點：泰寺 Wat Thai Sarnath，鹿園 Deer Park，以及真正的千年古跡鹿野苑遺址。

鹿野苑鹿園

　　鹿園內有一座雕像，紀念的是一位佛教復興先驅，摩訶菩提社會創始人（1864–1933）。鹿園裡還有一座佛廟。

圖 4-14 鹿野苑的泰寺。

圖 4-15 鹿野苑的鹿園正面景觀。

鹿野苑遺址之阿育王柱

　　阿育王是西元前孔雀王朝的明君。他到處豎立石柱弘揚佛法，稱為阿育王柱。柱高 10 多米，頂部雕有四面獅像，極具特色。該獅像現是印度國徽圖案。此石柱已為穆斯林破壞，只剩斷柱。

圖 4-16 鹿野苑遺址之阿育王柱 Ashokan Pillar 。

鹿野苑遺址之法王佛塔

　　法王佛塔 Dharmarajika Stupa 中的 Stupa 來自梵文，是「佛塔」「舍利塔」之意。其字面意思是「堆」，通常內有佛教的文物如教徒的骨灰等，是教徒冥想的地方。法王佛塔高達 39 米，直徑達 28 餘米，屬於極少數留存下來的阿育王時期建築。精舍區有一個佛塔寺廟遺址。考古學家發現，寺廟遺址有 4、5 層之多的疊疊，說明在歷史上被反復修繕重新建造過多次。玄奘在《大唐西域記》裡，曾這樣描述鹿野苑當時的盛況：「鹿野伽藍，區界八分，連垣周堵，層軒重閣。」大概就是這種情景。

圖 4-17 鹿野苑遺址之法王佛塔 Dharmarajika Stupa。

圖 4-18 法王佛塔塔身精美的浮雕。

圖 4-19 鹿野苑有一棵很大的菩提樹。
據說是從佛祖成佛之地菩提伽耶的大菩提樹上折枝移植而來。

圖 4-20 釋迦牟尼在菩提伽耶得道成佛後第一次講法初轉法輪處，
據說就在圖中精舍後面的斷牆處。

鹿野苑遺址之頂杆

鹿野苑遺址中有一個稱為「頂杆」 Monoithic Railing 的遺物。在20世紀初發現，原放置於法王佛塔頂部。

鹿野苑遺址之潘恰壇廟

圖 4-21 鹿野苑遺址之潘恰壇廟 Panchaytan Temple。

當晚我離開瓦拉納西，火車上遇到三女二男來自歐洲的年輕背包客。六個人正好一個「包廂」。三位德國女學生 19-20 歲；一男生荷蘭人，23 歲。四人去年旅遊偶遇，今年同遊印度。另一男 20 出頭，奧地利人，是這次在印度相識。他們已走的行程與我的基本吻合。

　　從 7 點多上車到 11 點多熄燈，我們調侃電視裡群歌群舞的千篇一律；大街小巷髒亂擁擠的情理之中；說起電影院裡年輕人的大呼小叫集體「變態」；但對瓦拉納西卻有一致的好評，難忘恆河祭祀的獨特與刺激，喜歡鹿野苑的思古幽情。

　　兩位女生上車不久就拿出厚厚的大本寫開了日記；其中一位女孩則說昨夜在河壇看到我了，僧人也要給她點紅，她躲開了。不過我沒看到她。我說我的日記本只有你們的八分之一，她竟要了過去，翻來覆去看那密密麻麻的方塊小字。後來在古久拉霍再次巧遇時，我的司機一眼就說，她是那幾人中最聰明的……。

　　通常說孟買是南北印度的分界。其實從瓦拉納西開始，便是印度教主導，與南方強大的印度教勢力連成一片。印度真正的「南方」（宗教）風情，已從這裡開始。

第五章

性愛橫流古久拉霍

　　古老的印度有本經，它的名字叫《愛經》。

　　遙遠的東方有一群廟，它的名字叫「愛廟」。

　　現代印度幾乎人人信教，同時又性愛發達暗流洶湧甚至劣跡斑斑。這與其古人注重生活享樂，性愛文化源遠流長怕是不無干係。西元前 6 世紀，古印度就有學者編著了神學的情愛教典。西元 4 世紀，世人與先人性愛之集大成的《愛經》由文人創作完成，橫空出世。它以哲學和心理學的形式詮釋性愛心理、性愛倫理、性愛姿態、性愛技巧、以及性愛和諧，成為不朽的經典。

　　有趣的是，傳說中《愛經》的作者竟然是個獨身，好比雙耳失聰卻譜出曠世名曲，其想像之豐富，設計之細巧，描述之詳盡，意境之精妙，令人拍案叫絕！

　　19 世紀，英國一探險家收集了殘缺不齊的《愛經》手抄本，翻譯成英文。屢經阻撓禁止後，以學術名義推出了《印度愛經》，使得這東方的性學巨著，成為了世界級的聖典。

　　與中國古代的「春宮圖」相比，印度的《愛經》不僅有二維圖像，而且走出宮闈面向大眾，更有理論有思想有詳解。最為重要的是，它有「精神變物質」的三維 Real Estate 為之「樹碑立傳」：西元 10 世紀，鼎盛期的昌德拉王朝 Chandela Dynasty，在其首都古久拉霍 Khajuraho 以短短 100 年的驚人速度，建起了 85 座充滿神話宗教與世俗性愛的壯麗寺廟。其最為醒目的特色及輝煌的成就，就是外牆上

令人膛目結舌、血脈噴張的性愛雕塑，神韻精髓與《愛經》一脈相承。後歷經千年蒼涼，現尚存 22 座，世人稱之為「愛廟」（Love Temples）。

　　古久拉霍是那個時代所流行的印度密教的中心。印度密教是西元 5-9 世紀印度教派生的一支，主要宣揚與性有關的教義。該密教認為，男女交媾隱喻著宇宙兩極的合一，想像的意淫或真實的性交，可以體驗與神合一、與宇宙精神同一的極樂，這種性儀式或性瑜伽是靈魂解脫的捷徑（那就多多做愛吧，哈哈）。神話與世俗，宗教與性愛，似乎相互排斥的二元，卻在信仰的聖殿裡有機交媾融和，這在全印度甚至全世界，都是獨樹一幟史無前例的。

　　古久拉霍是個小鎮，位於印度北方中軸線附近，在阿格拉與瓦拉納西均的中間偏南，各約 400 多公里之遙。我坐火車去那裡遊覽了一天一夜，時間足夠了。

　　古久拉霍的寺廟群主要分西，東，南三組。西廟群最大最主要，集中在一個不大的園林裡，有人管理收門票，屬婆羅門教。東廟群小而分散，無人管理，屬耆那教。南廟群僅一、兩個廟，色情雕塑少，卻有幾個獨特的人物造型。這些「愛廟」極富考古價值，都是世界遺產，也是印度國內民選的「七大奇跡」之一。

三個廟群總共 15 個寺廟中所供奉的主神都很相似，一般人難以看出教派之分。儘管鎮小，步行並不可行。公共交通又幾乎不存在，計程車也只在機場和火車站能見到，所以嘟嘟車便成了最佳的選擇。

西廟群

　　西廟群入口處的左邊第一個廟是 Lakshmi 廟。據說 Lakshmi 是第二主神毗濕奴的配偶。第二主神毗濕奴有十個化身，第三個是頭豬，名叫 Varaha。此廟為牠而建。雕像腳下是印度神話中的蛇神。西群中最老最精美的寺廟是 Lakshmana 廟。

圖 5-1 西廟群 Lakshmana 廟。

西群中最老最精美的寺廟。名字來自當年建造該廟的統治者。廟入口上方的水準樑上有三大主神梵天、毗濕奴和濕婆三位一體的雕像（我只看到個體，沒看到「三位一體」）。

圖 5-2 西廟群 Varaha 廟。豬的腳下是蛇神。

圖 5-3 西廟群 Chaunsat Yogini 廟。克久拉霍廟群中唯一的花崗岩寺廟。

圖 5-4 西廟群 Kandariya Mahadeva 廟。寺廟中雕像極其豐富，代表性傑作極多的一個。

其他廟還有：

　　西廟群的 Jagadambi 廟，是一個比較小卻很精緻勻稱的寺廟，為女神德維 Devi
而建。這裡的一些雕塑，是整個古久拉霍的廟群中最優秀的。它現在已經變成是
毗濕奴神的寺廟了，但它最上面第三層的雕像群，依然充滿色情主題。西廟群的
Chitragupta 廟，是獻給太陽神 Surya 的，面向東方。

　　西廟群的 Visvanatha 廟，是獻給濕婆神 Shiva 的。Visvanatha 有「宇宙的主人」
之意。還有一個 Nandi 廟是 Visvanatha 廟旁邊的一個小廟，有一公牛 Nandi 雕像，
那是濕婆神的同伴僕人和親密助手。

東廟群

東廟群的 Vamana 廟，坐落在一個僻靜的地方，結構簡單。它是印度三大主神之一的毗濕奴 Vishnu 的矮小型。

東廟群裡的 Parsvanatha 廟，在群廟中規模最大，雕刻細節最精湛。北外牆的雕塑是這個寺廟的亮點，有著印度教，佛教和伊斯蘭教三者混合的痕跡。東廟群的 Adinath 廟，奉的是耆那教的主神 Adinath。雕像涉及廣泛，甚至包括財富之神 Yakshis。

圖 5-5 東廟群 Parsvanatha 廟。

南廟群

南廟群 Chaturphuja 廟，據說是唯一沒有色情雕塑的廟。但是這裡所看到的，仍不乏豐胸肥臀與性感暴露。

不難看出，三個廟群的建築色彩一致，外表雷同，風格相近。都是基座高築，主體尖聳，裝飾繁縟，雕塑密集。主建築常有延伸出來的廊型「陽臺」，並且上方有圓錐集束型的一或多個尖塔，最高的位於大殿正上方。那些尖塔，象徵的是神聖的凱拉薩山 Kalashi。這些都是納戈爾諾 Nagorno 式寺廟特有的標誌。

需要指出的是，「凱拉薩」山實際是中國西藏境內的「岡仁波欽」山。其外形象一巨大水晶鑽石，四周有蓮花狀的群巒護繞，晶瑩神聖。岡仁波欽山那一帶還有納木那尼山、瑪旁雍錯湖和拉昂錯湖共兩山兩湖，歷來被佛教、印度教、耆教譽為「神山聖湖」，甚至是「世界中心」之地，屬於信徒心中的「麥加」。到神山朝拜稱為「轉山」，可以洗去罪孽，是他們一生的夢想和榮耀。

古久拉霍寺廟群的看點是其廟體外部的各種雕塑裝飾。其佈局之密集和工藝之精湛，令人歎為觀止。其中佼佼者，當屬西廟群的 Lakshmana, Kandariya Mahadeva, Jagadmbi 及 Chitragupta 諸廟。

群體圖

這裡所展現的寺廟外部雕塑，除了印度三大主神（梵天、毗濕奴和濕婆）的主題之外，由於這些神廟又是當年舉行印度密教崇拜的狂歡儀式的場所，所以雲集一堂的也有男女諸神、蛇神、樹神、天女、貴婦、舞女、愛侶、怪獸等等的群像。

圖 5-6 Kandariya Mahadeva 廟外面的三層人物雕像群體圖。

　　這些人神獸怪尤其是女性的造型，寬大而扭曲的臀部，高聳而豐隆的乳房，玲瓏剔透，肉肉飛天；慷慨暴露的膚體，誇張誘惑的媚態，珠光寶氣，百嫵千媚。與之相混合的，還有日常世俗生活情趣的精彩掠影：或仙女或凡婦，洗頭髮，玩遊戲，跳舞，撒嬌，玩腰帶……。甚至描述軍隊的雕刻，以及動物的雕刻也穿插其中，密密麻麻，眼花繚亂。其中最引人注目的，當然要數《愛經》場景再現的兩性相悅，男女交媾的「活春宮」了。

局部圖

圖 5-7 象頭神。其他神還包括，牛頭神，豬頭人身的神。

圖 5-8 乳房一大一小。不對稱的神靈，古人的幽默？

圖 5-9 多 P，哈哈。

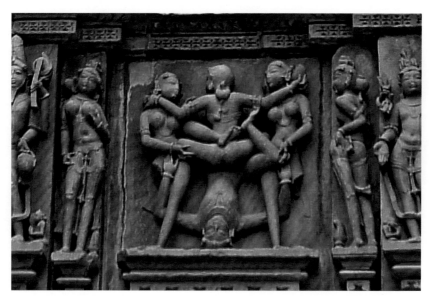

圖 5-10 又一多 P，四 P。

當代有的，古老印都有：「該出手時就出手。。。你有我有全都有哇！。。哈哈

圖 5-11 自慰也不缺席：注意一左一右一男一女那兩位，觸景生「欲」……。

其他如後進「狗狗」式，人獸交合，等等。額的神！聽說寺廟有這種雕像，但我沒在現場找到。

歎為觀止！西方幾十年前以《The Joy of Sex》引領的性開放與性革命，及其流行普及的性知識與性技巧，和古老而遙遠的東方古國印度中國日本比起來，汗顏吧！

古印度《愛經》不僅提醒人們，性愛只是旅程並非終點，應該注重關係的久遠，而且比比皆是地介紹了情愛有關的技巧與訣竅，例如：完美相愛六十四藝，親密擁抱八方法，接嘴親吻五類型，牙咬濕吻七種法，男女相處七情態……。洋洋灑灑，堪稱大全。

作為「愛廟」的家鄉人，作為《愛經》「近水樓臺」的「傳人」，儘管曾經的王國首都早已「淪落」為僅僅一萬餘人的小鄉村，儘管昔日的奢侈輝煌也已銷聲匿跡人去殿空，然而，歷史的幕幕銘刻定格於廟宇之上，「性愛橫流」浸淫根植於大地人心之中。在當代普通古久拉霍人的身上，我能感覺到「性愛橫流」一息尚存。和我相處一天的司機，就是一個例證。

當代愛廟家鄉人

他是旅館派來接站的嘟嘟車司機，也是我的「包日」導遊。他眼圈發黑，並非善憨之相，而且見面不久就說：We are friends, not just business，俗套吧。不過，在東廟群巧遇火車上的年輕美眉背包客時，我打招呼後，他忽然說：那個女孩是幾人裡最聰明的，讓我意外了一下，便問其由。他說出的道理，讓我對他有了點好感。

他告訴我，人們稱那些為「愛廟」，他問我：看了這麼多「愛廟」，感覺如何？後來他乾脆說：You like sex？我說：Of course. Why not?! 他哈哈大笑，拍拍我肩，又認真握我手：We are friends. We are brothers。開始昂奮。他掏出手機，熟練地找出一視頻播放起來給我看，比三級還三級的小 PP。我瞄了一眼，哈哈大笑，也拍拍他的肩。我說：經常看？他說：是。我說：結婚了？老婆知道？當然，都 40 了。老婆嘛，不知道。那你不怕老婆看到？她不會管我。我說：你有 girl friend 嗎？他曖

昧起來。哈哈，從都市到鄉野，從德里到這裡，印度男人這方面確實很「一以貫之」，真是一片性愛橫流的土地。我於是好奇，他有個什麼樣的老婆，什麼樣的家，為何還不滿足？

正好下午游完南廟群後時間還早，他邀我去他家「坐坐」，我馬上答應了。

家內一大一小兩房間。大間臥室兼客廳。大間的牆上有兩個 built-in 壁櫥。大壁櫥上供奉著主神擺設。司機全家是印度教徒。牆上還有一印度掛曆。他們是上下「直讀」的排序。

司機的兒子 9 歲，小帥哥已「初具規模」。老爸的面相不是我喜歡的那種。眼窩一帶偏暗偏擠，缺開朗豁達之氣，通常或縱欲乏力或內多心機。笑起來時稍好些。不過後來證明，他是好人。兒子的面相就好得多，哈哈。當然，面相只是統計規律。個例也會失準。

圖 5-14 司機的老婆。
應該說相當漂亮，
剛給我遞上一杯熱乎乎的印度奶茶，
手裡還拿著攪拌勺。盛情難卻，我自然得喝。
「不用他人杯碗盤」的規矩，從此「破功」。

圖 5-12 司機在自家門口準備開門。多家住戶在同一建築內相鄰。

圖 5-13 司機的母親與姐姐。都住附近，常來坐坐看看聊聊。

圖 5-15 父與子。

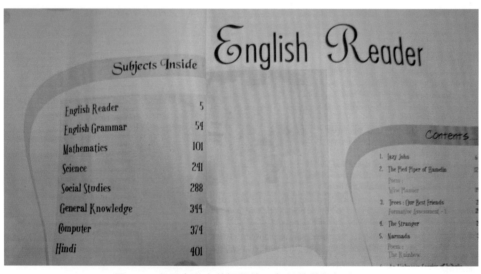

圖 5-16 兒子在私立英語學校 5 年級的英語課本。

學費月一千五。公校免費但學不到東西。9 歲就上 5 年級？不懂老印的教育體制。私立英語學校的課本最後部分也有印第語內容。

圖 5-17 司機夫人不上班。在家給鄰居熟人做點針線活，也掙點錢。
不僅面善，舉止也大方得體，賢妻良母也。司機應該知足。

圖 5-18 家門前街上的水井。無需用水桶下到底下打水了。

廚房外是個小陽台，獨家專用。司機家外一矮牆之隔，就是另一鄰居居住地。

將近一個小時後我踏出他的家門。他說時間還早，邀我再去兩個地方。我知道他的心思，便同意了其中一個。於是在一家生產兼銷售的場院裡，我再次看到了「愛廟」裡的那一類雕塑，但這些都是今人的模仿品和商品了。

第二天早晨他送我去火車站，叮嚀我別忘記把所拍的照片電郵給他，也問我覺得他的家怎麼樣？我說：不錯呵，工作收入穩定，老婆漂亮賢慧，兒子女兒活潑可愛又聰明懂事。本還想說：滿足和珍惜吧，但還是沒說。我想，他對我的坦誠，並不賦予我說三道四的權利。

性愛橫流的古久拉霍寺廟告訴我們，這個國度能造出世界第一架「合歡秋千」，這個國度能誕生《愛經》聖典，說明這裡的人們已經不再視性愛為生活的附庸，而是不可忽缺的一部分了。從相識到相愛，從求愛到婚姻；從情人相依到妻妾共處；從國公貴族到窮人平民；從真誠之愛到婚外亂情；從北到南，從古到今，愛經和愛廟轉達的信息是，人們愛情與婚姻的維持自有其智慧和規律，人類性愛的享受與完善也有其技巧和方式。千年歷史的閃瞬，不曾絲毫改變人本與人性。眼前這個古老而神秘的國度，膜拜神祇的人們，難道不是同時在快樂而又全心全意地享受著性愛的完整生活嗎？

第六章

東方威尼斯烏代浦爾

　　烏代浦爾是印度西北一個邦的首府，六十萬人口的中小城市。它所在的拉賈斯坦邦，被視為「沙漠之邦」，是歷史上素稱「死亡之地」的瑪律瓦王國所在地。但烏代浦爾那一隅卻多水多姿，妍媚可人，享有「沙漠湖城」和「沙漠中的威尼斯」之稱，甚至有「東方威尼斯」的美譽，讓人嘖嘖稱奇。

　　烏代浦爾是個古都，歷史上曾經有過據稱是世界最古老的王朝之一。它的名字「烏代浦爾」，是與 16 世紀的藩王烏代辛格 Udai Singh 有關。在當代，烏代浦爾則是印度名列五甲的著名旅遊勝地。它城內的建築以白色大理石為主，故有「白色之城」之稱，與「粉色之城」齋浦爾相呼應。它的名氣僅次於「金三角」的阿格拉、齋浦爾和新德里，超越了瓦拉納西和古久拉霍。人們稱它是「印度最浪漫的城市」，2009 年被《旅行 + 休閒》雜誌評為「世界最佳獎」中的「最佳城市」。

　　烏代浦爾的自然景觀與歷史文化的巨大魅力，主要來自「一湖兩島」和「一宮一廟」。

　　「一湖」是皮丘拉湖 Pichola，「兩島」是湖中的加格曼迪爾島 Jag Mandir 和加格尼瓦島 Jag Niwas；「一宮」 是湖畔的城市皇宮 City Palace，「一廟」是市中心的傑格迪什神廟 Jagdish。

此外，城外 9 公里處一座小山上的蒙松宮 Monsoon Palace，是個俯瞰全城，觀賞皮丘拉全湖的好地方。它又稱「季風宮」。曾是王公們的避暑勝地。

烏代浦爾有著美麗的傳說。相傳當年的藩王烏代辛格在附近的阿拉瓦利山麓打獵時，遇一隱士。當時蒙兀兒大軍已經威脅在即，隱士祝福王公，並建議就地打造行宮。王公從之，在該地建了一居所。後來阿克巴攻佔藩王的首都，王公便遷都到此。因為附近多山，不適合蒙兀兒的重裝甲馬隊，藩王得以喘息，這就是後來的烏代浦爾。

烏代浦爾有著英勇的故事。老烏代死後，王公普拉塔普 Pratap 子承父志，以烏代浦爾為據點與蒙兀兒周旋，在一次大決戰中，王公持劍刺向蒙兀兒帝國司令，他的座騎馬竟也同時高高躍起，蹄子直蹬對方的座騎大象，並因而受重傷不久死去。但是王公贏得了勝利，終於在十多年後替父復仇，擊敗阿克巴大帝，迎來和平歲月和烏代布爾的繁榮期。城市皇宮專有王公一館，紀念英勇的王公和他的座騎。

烏代浦爾有著俠義的傳統。城市皇宮中的克裡希納維拉斯宮，紀念的是一位十九世紀的美麗公主，她無法從兩個王室追求者中抉擇，一個來自齋浦爾，另一個來自焦特布爾。在兩難的情況下，為避免兩位王子之間的「決鬥」而傷害到心愛之人，她不惜犧牲自己，選擇服毒自殺。一個貞烈淒美充滿俠義的故事。

當年好萊塢女星費雯麗曾來此，並入住湖中宮殿改建的賓館，當時賓館內恰巧播放她主演的電影《飄》的主題曲，費雯麗面對湖光山色觸景生情，竟然激動得淚流滿面。身旁的服務生「有眼不識金香蓮」，還以為自己怠慢了客人，哈哈。

真正讓烏代浦爾的旖旎風光為人所知並且聲名鵲起的，是 20 年前的電影《007》攝製組，它將烏代浦爾選為《八爪女》Octopussy 的主要拍攝場地，採用了湖宮和季風宮的場景。從此烏代浦爾揚名天下。

美麗的風情和動人的歷史，使烏代浦爾成為當今旅遊的寵兒，尤受西方高端遊客的青睞。每年來烏代浦爾的世界各地遊客絡繹不絕。它甚至演變成了一個廣受歡迎的結婚勝地，許多名人明星大戶政客紛紛來烏代布爾，舉行結婚儀式或喜慶派對。

所有這一切，使我對烏代浦爾充滿期待。

我從古久拉霍坐火車一天一夜去烏代浦爾，早晨 6 點多到達後，馬上叫嘟嘟車直達市中心。因為幾乎所有的景點都在那兒。傑格迪什神廟開門很早，就先去轉了轉。城市皇宮開放較晚，一湖兩島又必須穿過皇宮才能登船，所以我早餐後決定先去郊外的季風宮，回頭再來城市皇宮及一湖兩島。下面的景點介紹，重點放在了城市皇宮，並放在最後（Save the best to the last，哈哈）。

烏代浦爾的魂魄：皮丘拉湖

　　皮丘拉湖在城中心偏西。當年拉賈斯坦邦處於群雄割據的烽火年月，藩王烏代辛格獨具慧眼，相中這一塊沙漠中的風水寶地，耗鉅資將湖面擴大，為今天 12 平方公里的規模奠定了基礎，並把這一帶建成扼守拉賈斯坦邦南大門的重鎮，烏代浦爾也因藩王的名字而得名。正是擁有了皮丘拉湖，烏代浦爾才成為戈壁沙漠裡的綠洲，煥發出勃勃生機。

圖 6-1 坐船遊覽皮丘拉湖，這個角度看出去，最讓人有威尼斯水城的感覺。

圖6-2 從皮丘拉湖看北岸的城市皇宮，看到的是城市皇宮的南面，一般。正面的才雄偉精彩。

　　烏代浦爾被譽為「東方威尼斯」，與蘇州有得一拼。雖然這裡的船不是「剛朵拉」，這裡的湖也沒有「歎息橋」。但這裡的水鄉確實有著威尼斯的風韻。令人叫絕的是，這般美水美景，離荒野大漠竟然只有「一山一嶺」之隔。

　　但這裡畢竟是湖而非河，水面寬闊得多。水波蕩漾，生機勃勃，十分壯觀秀麗。

湖中花園：加格曼廸爾島

　　加格曼廸爾是皮丘拉湖中一個美麗的花園小島。它以園藝以及大理石雕像而著稱。據傳早年蒙兀兒的沙賈汗（泰姬陵的那個國王情種）因反抗他的父親而躲到過這裡。現在島上有多種休閒娛樂餐飲觀光設施，對遊客開放。

圖 6-3 游輪駛向加格．曼迪爾花園小島。小島碼頭上迎接遊船的是值班印度員警。

烏代浦爾的象徵：湖中宮殿

　　這是皮丘拉湖中的另一個小島，整個島就是一座水上宮殿，通體是白色大理石。它的「湖中宮殿」聞名遐邇。當年是皇家避暑的夏宮。現在是個五星級賓館，是「白色之城」烏代浦爾的象徵。

　　潔白的湖宮靜靜地「浮」在水中，加上日出日落的陽光照耀，其色彩變化如夢如幻：乳白，金黃，淺黃，亮白，再亮白，淺黃，金黃，淡紅，直到靜謐的乳白。「浪漫之城」的美名，因此而來。有人甚至將它媲美於希臘愛琴海中的名島 Mykonos。

　　印度獨立後，湖宮改建為賓館，這是因為王室特權喪失，財政減少不得不改。

圖 6-4 湖中宮殿遠景。有專門渡船來去，但只對賓館的客人開放服務。

烏代浦爾第一寺廟：傑格迪什神廟

　　傑格迪什神廟是烏代浦爾的第一印度教大寺廟，在市中心與城市皇宮僅一街之隔。 它由老烏代之子在西元 1651 年所建，建築風格與在愛廟群見到的類似，又是典型的印度·雅利安 Indo – Aryan 結構，有印歐混合的意思。但此廟有祭祀祈禱功能，非信徒一樣可進。

　　廟大門兩邊各有一個石頭的大象雕像守護。大象身下，各有臨時住戶佔據過夜，白天也乞討施捨。寺廟風格與古久拉霍見到過的愛廟相近，但是沒有性愛內容。

　　大殿內部供祭祀祈禱的大堂其實空間不大，印度教寺廟好像都這樣設計。與伊斯蘭的清真寺無法相比。

圖 6–5 傑格迪什神廟建在一個坡上。這是正面的臺階。

圖 6-6 傑格迪什神廟外牆雕榭精美華麗繁縟。

圖 6-7 去季風宮路上，路邊有人群聚集，司機老遠一看就說，出車禍了。近前看，果然有人
倒地。 司機說：車子撞人，流血了。這是我在印度唯一的一次見證交通事故。

山頂守望者：季風宮

當地的司機都對季風宮評價不高：無啥看頭。不過旅遊媒體多有提及。我對「制高點」一類的景點向來「情有獨鍾」，有時間就不妨去看看。

去季風宮途中經過一橋，「神牛」橫臥橋上，橋下河水是通向皮丘拉湖的。美麗的城市也有髒亂的地方。沒辦法，印度的通病。

圖 6-8 出城前司機停車，讓我眺望遠處的季風宮並拍照。可惜我沒有變焦的長鏡頭。

圖 6-9 季風宮側面圖。照片上看看還可以，現場是比較破舊髒亂的。

烏代浦爾瑰寶：城市皇宮

　　城市皇宮在皮丘拉湖的北岸。當年王公烏代特意將皇宮建在湖畔山頂上，也為的是方便欣賞湖邊美景。它的始建與皮丘拉湖擴建及烏代浦爾城市建立幾乎同步。從 1559 年起約四個半世紀的歲月裡，它不斷擴大更新，逐步成為一個規模宏大的宮殿群，成了一個城中之城，全稱「城市皇宮博物院」。它現共有三道大門，十多個宮殿，包括宮殿裡外上下的多個露天庭院與畫廊展館，結構設計極為獨特。

　　城市皇宮主建築高 33 米，長 333 米，寬 90 米，相當宏偉。它有一北一南兩個相連的大宮殿。北邊叫國王宮 Palace of Kings，南邊叫王后宮 Queens' Palace（正式名稱分別是：Maradana Mahal 和 Zenana Mahal）。在這兩大宮殿內部，有大小十多個子宮殿，展館，畫廊，以及建在地面或頂層的陽臺庭院。裡面陳列著古董，壁畫，微型畫，珠寶，銀品，鏡面，傢俱，器皿，樂器，武器，戰車，陶瓷，鑲嵌品，大理石品，彩色玻璃品，等等。眼花繚亂，目不暇接。它的銀器博物館號稱是世界上的第一個。

　　城市皇宮正面朝東朝陽，以符其「太陽王朝」之名。在它跟前抬頭仰視，角樓角亭連綿疊嶂，整座宮闈精緻高大。有拔地而起高聳入雲的感覺，頗有布達拉宮的氣勢。

　　城市皇宮的設計，殿外花木扶疏，湖水相伴，殿內曲徑通幽，寶石鑲嵌，驚人地協調融合了本地，蒙兀兒，中世紀，歐洲，甚至中國的建築風格。它雄心勃勃，目前已經不滿足於僅僅恢復昔日的輝煌，而是要進一步打造成一個世界級的博物館。

　　這裡每天接待的遊客成百成千上萬，宮牆內和各殿間的很多通道卻是驚人地昏暗窄小。不僅擁擠不堪，也容易轉失方向，如同走進了迷宮。其實這恰恰是設計者的初衷，因為它不光是宮殿，也是個城堡。目的是阻止敵人的突襲，使得對方即使闖入宮殿，也會「找不到北」。

　　我在這巨大的迷宮裡轉悠了好幾個鐘頭，這裡的一切太 overwelming，讓參觀者完全沉浸在王朝和王公浩瀚的史料展品之中，倒是確實能真切地感受到當年他們的歷史文化以及皇室生活。

圖 6-10 城市皇宮的「標準像」。

它的建築上部密集,下方「飄逸」,確實有像城堡,也頗有布達拉宮韻味。

城市皇宮主大門名叫三拱門 Tripolia Pol。它比其他兩道門要晚建近 100 年。

進了三拱門,就是皇宮前面的一大片草坪及空地,那就是有名的馬內克 Manek 庭院。歷史上用於公眾集會,遊行儀式,騎兵大象遊行,和其他節日活動,相當於一個廣場。據說,王公曾在這裡現場發放黃金和白銀給當地人民,也曾在危難時刻在這裡向臣民發表演說。現如今各種商店和商業活動都進來了,晚上也有聲光表演。大片的草地花園是後來加上的,蒙兀兒風格,建於 1992 年。

宮殿入口處叫做 Toran Pol。進入之後，首先是一個庭院。我去那時，人們正在舉行什麼儀式，好像是去迎接新娘程式的一部分。烏代浦爾是新人舉行婚禮的熱門地點。

　　皇宮裡有一個王公普拉塔普畫廊。他是老烏代之子。畫廊裡有他和那英勇坐騎 Chetak 的雕像。有趣的是，馬鞍是一種大象皮般的樹幹編成，用來掩飾戰馬，裝成大象狀，避免在戰鬥中被其他大象攻擊，因為大象通常不會攻擊同類。

　　皇宮裡有專門供奉太陽神 Surya 的像。太陽是王朝拉其普特武士和部落的力量源泉。他們的座右銘是，「全能的主保護那些堅定站立並維護正義的人們」。

　　儘管皇宮博物院只是個王侯國的皇宮，卻在全印度的宮廷博物館中，建築整體最大氣，庭院佈局最均衡，館藏珍品最豐富。它全面超越了德里和阿格拉的紅堡，以及齋浦爾的城市宮殿。

圖 6-11 入口處正面。

懸在大門上方是一個木結構裝飾，最上端有個象頭神 Ganesha Deodhi。傳統上，皇室新郎在新婚之夜，進入新娘的房子之前，需用他的劍觸碰那個木結構飾品，才得許可。

圖6–12 這裡是當年老烏代破土動工最早修建的王室建築，名叫 Rajya Angan，又稱皇家庭院。需要指出的是，這裡所說的「庭院」與「宮殿」的含義比較含混，通常一個「宮」也可以包括或意指露天的庭院，而「庭」也可以是宮殿或室內的部分。這裡正是隱士建議王公建立他的居所和首都的地方。

圖 6-13 這是有名的孔雀廣場，正名是 Mor Chowk ，其實是個庭院。名字來自陶瓷馬賽克裝飾的孔雀。人群中對面牆邊，隱約可見有三個孔雀，代表夏天冬天和季風三季（不是四季）。

圖 6-14 這也是一個有名的庭院，叫 Badi Chitrashali。

藍色柱子是其特色，用的是中國瓷磚。這裡非常敞亮開放，又恰好面對皮丘拉湖。過去王公在這裡進行音樂舞蹈表演，或者私人聚會。

圖 6-15 這是一個開放式的亭閣,名叫 Chowmukha 亭。

這是皇后宮裡頗有來頭的一個地方。女王在這裡召集皇室名媛,有時也有其他觀眾,一起歡慶節日,或用來舉行各種集會。亭閣的穹頂是為 1999-2000 千禧年而加,稱為千年穹頂。皇室婚禮也在這裡舉行過。

圖 6-16 歡樂宮 Dilkhush 內金碧輝煌。

鋪天蓋地的金屬陶瓷壁畫裝飾,以及天花板裝飾,極盡奢華。

圖 6-17 孔雀廣場廳堂裡的孔雀浮雕，用彩色馬賽克裝飾而成。
用了 5000 片綠色金色和藍色的馬賽克陶瓷，閃閃發光。

圖 6-18 外牆壁畫。王公騎象圖。愛馬仕幾款產品採用了這個圖案。

圖 6-19 銀器博物館。號稱是世界上的第一個。

圖 6-20 從皇宮俯視下面的馬內克庭院及其蒙兀兒式花園。

　　馬不停蹄一天之後，我帶著疲憊與滿足離去。在候車時遇一當地年輕人，在兩個小時的友好交談和相處中，我倦意漸消，進一步感受到了這裡沙漠人的熱情粗獷以及精細周到，更加深了對烏代浦爾的好感，真是我印度北部之旅的完美終結。

　　下一站，是南方的門戶孟買。等著我的，將是怎樣的一種南國風情？

第七章

百年待變老孟買

　　大名鼎鼎的孟買，位處印度中部西岸，對外是印度的西大門，對內是南方的門戶。它的都會區人口全印第一，也是世界大都會區排名的第六。

　　孟買是古老的。它起初由七個小島組成，稱為孟買七島，石器時代就有人在那一帶居住。孟買又是年輕的。它從一個小島漁村起步，經歷了孔雀王朝的阿育王，伊斯蘭的土著蘇丹國，後因懼怕蒙兀兒王朝而割讓給葡萄牙，又作為葡萄牙公主的嫁妝轉贈給英國，再租於英國東印度公司代管（年租金 10 英鎊）。直到 19 世紀的人工填海，將群島連成一片，並且大規模改造，鋪路築橋，鐵路聯通，海港建成，形成當今孟買的雛形，最終印度獨立，其間也就百來年的歷史。

　　孟買在世界近代史上地位重要。哥倫布發現新大陸的初衷，就是去東方的印度；葡萄牙人發現好望角，並開闢第一條歐洲到遠東的海上通道，也是為了去印度。而去印度的目的地，就是孟買。名聲顯赫的英國東印度公司總部也在孟買。

　　孟買在政治上也不缺席。它是 20 世紀初印度獨立運動的主要基地，聖雄甘地在 1942 年發起的「退出印度運動」，就發生在孟買，是當年最突出的事件。孟買現在是印度經濟金融貿易商業娛樂影視中心（寶萊塢就在孟買）。它提供的就業，稅收，關稅，對外貿易，資本交易等等，都占印度百分比的兩位數以上。

可以說，孟買就是印度的上海。二者之間在各自國家的重要地位，有驚人的相似之處，僅此命題，就足以寫一「專論」，哈哈。

儘管如此，孟買卻幾乎沒有名勝古跡，只有一個象島石窟。它是世界文化遺產，規模卻很小。難怪有人問：為什麼去孟買？

有一百個人，就可以有一百個「去」的理由；也可以有一百個「不去」的理由。本人屬於前者。如此重要的大城市，叫我如何不念不想見到它？根據導遊資料的介紹，我將遊覽的重點放在老孟買，總共逗留了兩天半，依然覺得沒有看夠。

我從烏代浦爾坐火車南下，十八個小時後抵達孟買城北的 Bandra 火車站。

孟買的火車和沿線的貧民窟

近年來印度在人們腦海中的形象，除了恆河上漂浮著的牛頭和人屍，就是火車門窗及車廂頂上佈滿的密密麻麻人頭人群了。其實後者通常不會是長途火車，而多是近郊的短途火車。走近孟買時，我當然希望有機會見證到這種「奇觀」，不過沒有如願。孟買有著亞洲甚至世界最大的貧民窟，我沒有花時間刻意去尋找，卻在近郊鐵路的沿線看到了。

後來我又坐了幾次近郊火車，車廂裡都沒有那麼擁擠，更談不上車頂有人。印度之旅結束前，我去印巴邊境大城阿姆利則時，倒真看到了火車頂上坐著二三個人。

據瞭解，車廂裡外及頂上擠滿人，多為特殊情況如宗教活動或重要節日時的極端狀況。印度火車票原本便宜，比如孟買北部進城 20–30 公里的坐票，也就 10 盧比，相當於約 16 美分，貨車廂的「席地統鋪」就更是「白坐」。沒有人管，秩序也非常好，當局很可能是為了窮人而有意為之。

圖 7-1 走近孟買時，在火車上首先看到的是這樣的破房陋屋。都說孟買有著亞洲最大的貧民窟，我沒有花時間去找貧民窟的確切地點。但幾乎可以肯定這是其中的一部分。

圖 7-2 我就近換乘近郊火車海灣線去南部，共十多站，票價 10 盧比。這是車廂內景，不是上下班高峰，不算擠。車廂內到處是風扇。這是我見到過的風扇最髒的一次。

孟買的近郊火車 Suburban Rail 主要有三條線：西線 Western Line，中央線 Central Line，海灣線 Harbour Line，另外還有兩條正在修建。孟買本身像個南北走向的長條形，火車線路基本上也是以南北為主。加上地鐵 Metro Subway 幾條線的縱橫交錯，交通十分方便。

　　鐵道旁常有閒散的人們，旁邊不知是他們的露宿地，還是臨時的什麼作業場所。這樣的情況都不會有人管。對面曾開來的一輛孟買近郊列車，車廂上的 WR 是西線 Western Rail 之意，三大近郊鐵路線之一。

　　孟買其實是個填海連起來的大島，大致是個南北長條形。我從烏代浦爾來的終點 Bandra 站，在北邊的紅黃線交接點處。下方多條線路的彙集點，就是維多利亞終點站及 Fort 區，是商業中心。最南端的黃線終點，是印度之門所在的 Colaba 區，是旅遊中心。孟買北部的 Bandra 火車站是我那趟車的終點，離南部市中心約 20 多公里。長途跋涉 18 個小時，火車居然基本准點，意外。

　　有意思的是，我在印度拍「陰暗面」時，當地好像從未有「愛國者」或「民族主義者」站出來阻止或義憤填膺地譴責過我。只有一次在金奈 Chennai，車廂門口擠滿人，我請他們讓我到門口朝外拍照，他們都禮讓了，只有一人客氣地問了一聲：What for？我說是為寫文章用。

世界遺產維多利亞火車站
和昔日的輝煌

　　我在海灣線的終點站下車，那就是名聲顯赫的維多利亞火車站 Victoria Terminus。它是孟買僅有的兩個世界文化遺產之一（另一個是象島石窟）。維多利亞火車站所在的 Fort 區，以及它南面的 Colaba 區，是孟買最南部也是最繁華的商業和觀光區。這裡充斥著殖民時代遺留下來的歐式老建築，而且大多功能依舊運作良好。我預訂的旅館就在附近。

　　維多利亞終點站也稱為 Chhatrapati Shivaji Terminus，簡稱 CST，上網訂票就是這個名稱。這是個當地英雄的名字。孟買現在的國際機場，以及威爾士王子博物館在「去殖民化」改名時，都是這個稱呼。

圖 7-3　維多利亞終點站正面像。

維多利亞終點站由英國建築家設計，融合了維多利亞，印度，以及伊斯蘭的建築風格。1878 年開建，10 年後完工。建成後立即成為孟買的象徵，是印度在英國殖民時期建築的最高代表。

　　可以說，泰姬陵代表的是伊斯蘭蒙兀兒王朝建築的輝煌，維多利亞火車站則代表了大英帝國統治時期建築的巔峰。它的獨特性與重要性，是 2004 年選為世界文化遺產的主要原因。維多利亞終點站的主要進出口非常普通甚至簡陋。露天大門上寫的是：Chhatrapati Shivaji Terminus。其實在主建築的旁側還有幾個進出口，但因為不是露天廣場，所以較小，已經不再適應當今的客流量了。

它外觀裝飾著無數的精細雕刻，非常華麗，本身就像一座宮殿，佇立在忙碌的孟買街頭。

圖 7-4 夕陽下的維多利亞終點站西面像。

　　維多利亞終點站主建築的院頂，角塔，拱門，還有柱子，圓頂，扶壁，彩繪玻璃窗等，密集繁縟，不同文化的融合與相輔相成四處可見。仔細看，還能看到哥德式建築上常出現的獸類，包含孔雀、猴子、獅子、蛇等。

　　維多利亞終點站側面街道朝窗內看，裡面就是火車站台。不知為什麼，我走過時看到這個場景，不由想起蘇州河畔的上海郵電總局，那也是英國古典式的大型建築，只是融合的是古羅馬巨柱式，及義大利巴洛克式鐘樓的風格。

孟買的精華在南部
卻是舊貌舊顏依舊

　　除了維多利亞火車站，這個區域內還可以看到不少哥特復興式新古典風格和印度‧撒拉遜風格的建築。區域的規劃比較優美，路面也寬闊整潔些，與其他地方大不同。所以導遊資料上常說：孟買遊覽的精華在南部。推薦的景點有：印度之門，泰姬瑪哈酒店，孟買大學，高等法院，市政大樓和員警總部，威爾士王子博物館等。

　　其中印度之門 Gateway of India 是慶祝 1911 年英國國王喬治五世和瑪莉皇后到訪印度的紀念碑，孟買最著名的地標。它在最南端的 Colaba 地區。在英國殖民政府統治印度期間，印度之門是來孟買的海上旅客首先看到的建築物，也是 1947 年印度獨立後，英國軍隊撤離印度的地方，頗為諷刺。

圖 7-5 印度之門。大型的玄武岩凱旋門。

蘇格蘭建築師設計，兩旁建有大型接待廳、拱門和拜禮樓。裝飾靈感來自 16 世紀的伊斯蘭建築。從維多利亞終點站走走有幾公里，公車我反而不熟了，孟買是沒有嘟嘟車的。

圖 7-6 泰姬瑪哈大酒店 Taj Mahal Hotel。

前幾年恐怖攻擊的發生地。它就在印度之門對面，面朝阿拉伯海。恐怖事件之前，它就是很
有名氣的地標性建築了。

在夜晚時刻茫茫大海的背景襯托下，打上燈的印度之門會更顯雄偉。印度之門背後有個（小）遊艇碼頭，前方就是浩瀚的阿拉伯海。

印度之門廣場邊上立著 Swami Vivekananda 的紀念雕像。這是一位 150 多年前的印度教 disciple，「首席弟子」的意思。他是將「韋丹塔和瑜伽」Vedanta and Yoga 介紹給西方的第一人。

孟買老城區的很多殖民時代留下的好建築，多被重要機構所佔用。自己新近的建設建築並不多，給人以「吃老本」的印象。

著名的克勞福特集市 Crawford Market，維多利亞火車站朝北走約 1 英里可到。有人誇張地說：僅僅是街頭市場，孟買就值得一遊。說這話的，多半是女士，哈哈。但這裡的東西確實便宜多樣。與我同旅館的一對歐洲老夫婦，在孟買四天，最後一整天專門用來「掃街」採購。

圖 7-7 孟買大學。

面積不大，建築卻很有看頭，乍看之下，就好像法國 15 世紀的哥德式傑作，「淹沒」在椰林叢中，感覺有點怪。 但只能從外面瞄一眼，不讓進。

在孟買老城區掃街感受現代人的生活

　　除了主要景點，在老城區溜達掃街也是瞭解和觀賞孟買的重要一環，我對此的興致不亞於看名勝古跡，足足花了大半天。

　　通常老孟買指的是整個連結起來的七島，但是細究起來，真正的「老城區」之「老」，是 Fort 區維多利亞終點站那一帶，原先就有英國人在那裡建起過喬治城堡，才有了 Fort 的名字，它是老孟買的「發跡地」。

圖 7-8 威爾士王子博物館
Prince of Wales Museum。

孟買最大、收藏最豐富的博物館。為慶祝威
爾斯王子 1905 年首度訪印度而建。一次大
戰期間改成軍醫院，直到 1923 年才作為博
物館開幕，那時王子已變成了國王。

圖 7-9 公共汽車站。在印度，中小城市裡是很難看到汽車站牌的，更不要說候車設施了，所
以孟買有點「得天獨厚」的味道。

圖 7-10 市中心一帶前總理拉爾‧巴哈杜爾‧夏斯特裡的雕像。

上面的「Jai Jawan Jai Kisan」是一句（當年）非常流行的口號，意思是「歡呼士兵，歡呼農民」。那是 1965 年，尼赫魯剛去世夏斯特裡接手總理不久，印度便遭到巴基斯坦攻擊，同時糧食緊缺。他提出此口號，來激勵戰士保衛印度，激勵農民多產糧食。

圖 7-11 鬧市區街心的歐式雕塑。

圖 7-12 鬧市區人行道上的小娃。不像在乞討，更像是臨時住宿或休閒。

圖 7-13 街頭看手相的「術士」。

很想和他「交流」「切磋」一下，但人家要謀生糊口，哪有閒情逸致陪我說話。況且沒請他看「手相」，我先看他的「面相」，我不要自找沒趣也罷。

孟買北部的遊覽重點是甘地故居

　　孟買北部，也有幾個景點。連接老孟買南北的，是西海岸邊的一條彎月形 6 車道水泥高速公路，長約 3 公里。它叫海洋大道 Marine Drive。大道身後的新舊樓宇大廈在入夜後，華燈耀彩，萬點金光，故又稱「女王項鍊」 Queen's Necklace。在孟買的最後一天，我沿著大道，從印度之門去孟買膜拜甘地故居。

　　海洋大道一個方向有 3 個車道，對面還有 3 車道。不難看出大道向前左方傾去的彎月形，有點「項鍊」的意思。北孟買的幾個景點都離海灘不甚遠。不過這一帶多了上坡下坡的山路彎彎，需要一番尋址問路的功夫，除非叫計程車。

　　「空中花園」Hanging Gardens，其實就是個山坡上的公園。遠處可以看到孟買南區的天際線。

　　尼赫魯 Kamla Nehru 公園中有個著名的「鞋形結構」建築，曾在多部寶萊塢電影中顯身。該公園就在空中花園對面。

　　甘地故居裡的照片很多，都極有觀賞價值。比如甘地與卓別林的合影，甘地與尼赫魯的合影等。這裡的很多展示，多是我們相對比較熟悉的，就容易感受到平易近人，產生興趣與共鳴。甘地故居所在的街道，沿街都是高檔別墅，清潔嫻靜。當年「搞革命」的居住條件好像還不錯……。

圖 7-15 海洋大道的北部終點是焦伯蒂海灘 Chowpatty Beach。不大，卻是難得的沙灘地。

圖 7-14 從海洋大道遠眺前面北方孟買北部城區的天際線，那裡的新樓高樓建築比南部「純」老區要多不少。

圖 7-16 甘地故居外景。

找到這裡稍稍費了點周折。開始我直接問 Gandhi' House？幾乎沒人知道。後來改問：Mani Bhavan，中譯是「摩尼總統府」，馬上就明白了。我現在也沒明白為什麼是這樣。

圖 7-17 甘地臥室。

有台「延安窯洞」式的手搖「紡線線」設備，哈哈。老甘是否有受當年陝北紅軍老毛老周的影響？好奇……。還有，很多老印睡覺好像用鋪不用床，烏代浦爾皇宮裡的臥室，也是有鋪沒有床的。

去看印度寺廟的精彩卻是在途中

　　我在孟買北區的最後一個景點，是馬哈拉克斯米寺廟 Mahalaxmi Temple。孟買是個「移民城市」，包容性強。印度教、伊斯蘭教、基督教、天主教的廟宇，清真寺和教堂到處都有，馬哈拉克斯米寺廟是突出的一個，據說是最古老的印度教寺廟，供的是財富之神 Lakshmi。我決定去看看。

　　寺廟在焦伯蒂海灘北面，我問了幾次路，人都說不遠，方向也對，卻總也到不了。最後問到一個交通警察，他拿過紙條看了看，讓我等著，就不再說話。

　　他人高馬大，1 米 9 的樣子，在路邊和路中間來回走動，眼盯著龐大的機動車流。過了好幾分鐘，他既不還我紙條，也不說明方向。我納悶，說：Maybe I should go......and ..... find it myself。他看著車流，只說了一句：This is my duty for my country，就不再說話。

　　這話很「高大」，但我不明白他要幹什麼。又過了十來分鐘，他忽然朝車群招手，一輛輕騎摩托飄逸而來。上面是一位中年男子，他們說了幾句，員警轉頭對我說：那個廟走過去太遠，他帶你去。還加了一句：free。我大感意外，原來他一直在等合適的幫忙人選。我真想「跳」起來去親他一口，因為他太「高大」了。一聲謝過，我上了車的後座，一溜煙走了。

　　左擺右拐，過了幾個交通燈。一英里多的地方，車停下了。騎手告訴我，左手那條街，向前右手第一條巷子裡面，就是寺廟。我謝著下車，沒來得及轉身，只聽一聲車響，他飄然地走了，正如他飄然地來。

　　馬哈拉克斯米寺廟在一條小巷裡。進入巷子就能看到遠處寺廟的尖頂。走近寺廟，人山人海，寺廟也拍不到了。裡面不讓照相，進廟需脫鞋，襪子可脫也可不脫。馬路中的黃色交通「拒馬」下面，就是（自由）存鞋處，沒人管。前方臺階上方，就是入口。

廟裡人很擠。我隨著人流進入院子後，前面中心區出現多通道的金屬欄杆，顯然是讓排隊前行。我稀裡糊塗進了「Men」那一隊，心想不會錯了。可不久發現前後人群都是手中持盤有物，忽然明白那是信徒們的隊伍，我什麼也沒有什麼也不懂，就趕緊設法退出了行列。周圍人平靜依舊，少了我點窘迫。

　　參觀完寺廟，我的孟買之旅基本結束了。我最終放棄了大象島石窟和寶萊塢，前者去程較費周章，規模也小。後者原本就是「備胎」，時間不多，我寧可留給了「掃街」。

　　晚上在維多利亞站等火車離去。這裡的候車廳以及火車時刻及月臺表，像極了上海改革開放前的老北站。平板凳椅，油漆大豎牌，擁擠的過道，廠房式的棚頂。一切依然老舊，想像中又回到了大英帝國的維多利亞老時光。我不明白，為何不能借鑒世界上古跡擴建新舊相容的經驗，比如羅浮宮，來使維多利亞火車站「與時俱進」，更加方便大眾。

　　其實印度獨立早已過去半個世紀以上，孟買老城區卻風貌依舊，基本格局停格在那裡。舊貌舊顏，改變甚微。百年待變，時不我予。難怪有人評論說，這裡的人們在獨立以後，好像更熱衷於「去英化」「去殖民化」的「破舊」，Bombay 改名

圖 7-18 維多利亞站火車站候車大廳。

Mumbai 之爭是為一例，而不是改善民生相關的基本建設和便民的「立新」，維多利亞火車站的服務設施又為一例。不過，對我來講，重要的是：我來了，我看了，我感受到了……。

為你祝福，百年待變的老孟買。願您早日舊貌換新顏！

圖 7-19 維多利亞站火車站。
查詢列車出發及進站時刻以及月臺號的（唯一）告示牌。非常原始。

圖 7-20 維多利亞站火車站的月臺。似乎幾十年不變，與國際大都市的身份並不相稱。

第八章

飛車驚魂海德拉巴

　　海德拉巴地處印度正中央，人口 700 萬是安德拉邦首府 。名氣雖不比德里，孟買，加爾各答，卻也非常特殊和重要。

　　海德拉巴曾被 1950 年 1 月 26 日生效的印度憲法提議為第二首都，1956 後一直設有「總統府」 Rashtrapati Nilayam，是總統的第二正式居住地和辦公處，也是世界上有兩個「首都」的少數國家之一。

　　「海德拉巴」一詞源自波斯 / 烏爾都語的派生，有「獅子城」的意思。根據「世界地名牛津簡明詞典」作者（約翰‧埃弗雷特希思）的考證，為的是紀念和表彰伊斯蘭教先知穆罕默德的女婿，在戰鬥中「獅子般」的勇氣。

　　海德拉巴的「麥加清真寺」是全印的最大最老，名字也不同於一般的「賈瑪清真寺」叫法。「麥加清真寺」的稱謂在印度的清真寺中獨一無二，因為它製造磚塊的泥土來自聖城麥加。

　　海德拉巴是印度第一個「印度最佳遺產城市」（2012）。整個城市作為遺產保護，在印度並不多見。

海德拉巴不僅與眾不同，而且在幾百年的短暫歷史中，有著不少的故事。

當年庫特布夏希 Qutb Shahi 王朝的第五個蘇丹於 1591 建立海德拉巴城，不到百年就被蒙兀兒王朝佔領征服，卻沒想到約 50 年後又被蒙兀兒王朝自己的總督背叛，宣佈成立獨立的尼扎姆 Nizam 國。來回折騰，頗具戲劇性。

當 18-19 世紀英法勢力在次大陸威脅擴張時，海德拉巴擅於委曲求全，努力不與之爭鋒交惡，從而成功保留尼扎姆國家主權，顯示出當權者的睿智與技巧。

尼扎姆國延續百多年，直到印度獨立。但它起初打算保持獨立，不入聯邦。後來國大黨和共產黨聯手「搞亂」，加上聯邦陸軍強悍入侵，拖了一年之後，才於 1948 無奈「入邦」。

海德拉巴的「特殊」地位，來自它的底氣與「牛 B」。而這「牛」字，也是其來有自。在 1591 建城後，海德拉巴便開始了注重教育注重基建的優良傳統，成為印度文化最重要的中心與前沿城市。

圖 8-1 海德拉巴火車站。該市有不下三個火車站，這只是其中之一。

　　知識份子和藝術家從印度次大陸，甚至世界的其餘部分紛紛遷居來此，使之經濟得以起飛，成為當時世界首要的鑽石，珍珠，鋼鐵和武器市場。那段時期，由於經濟與文化上的巨大進展，海德拉巴成為印度最大最豪華的藩王國，疆土一度超越英格蘭蘇格蘭之和。它甚至擁有自己的貨幣、造幣廠、鐵路和郵政局，而且不收所得稅。

　　海德拉巴的名字來歷也有傳奇性。除了上面提到的正版（穆罕默德）「女婿說」，之外，傳說中還有「愛姬說」與「兒子說」。

　　「愛姬說」聲稱，城市的創建人蘇丹愛上了當地一個舞者，她皈依伊斯蘭教後獲稱「海德‧瑪哈」Hyder Mahal，故城市改名為 Hyderababd。「兒子說」則稱，城市是以創建人蘇丹的兒子名字海達爾 Haidar 命名的。

　　歷經 400 多年的海德拉巴如今光彩依舊。它現在排名印度城市人口第四，都市區人口第六。共有八所大學、200 多所技術院校。它的科學研究與工業開發的高水準，為它贏得了多重的頭銜與桂冠。

　　它是珍珠，鑽石，銀器加工的中心，也是珍珠和鑽石的貿易中心，故稱「珍珠之城」。它與班加羅爾 Bangalore 及金奈 Chennai 號稱印度「IT 金三角」，並正窺視龍頭老大之位。微軟和谷歌都在海德拉巴設立了他們的印度總部，故稱「Cyberabad」（網路拉巴）。它的製藥和生物技術在 20 世紀 90 年代暫露頭角，並一路領先，故稱「基因谷」Genome Valley。

　　海德拉巴現在還是印度整體 GDP 的第五大貢獻者。

　　在文化藝術體育等領域，海德拉巴有全國第二大的電影製片廠，僅次於孟買的寶萊塢。它的泰盧固 Telugu 語（一種達羅毗荼語）電影，是印度的第一。海德拉巴還有一個 F1 賽車場，現在正積極爭取未來幾年內舉辦一級方程式印度大獎賽。

　　今天的海德拉巴，城市佈滿商場和辦公樓，到處都還在建造和翻新，搞得交通擁擠道路堵塞。這是一個熱鬧哄哄而充滿生機的龐大都市。

　　去海德拉巴旅遊觀光，主要看庫特布夏希和尼扎姆兩個王朝的文物遺產。他

們都是中世紀與蒙兀兒以及歐洲風格影響的產物，是印度－伊斯蘭建築的精華。主要名勝有：查米納塔門 Charminar，麥加清真寺 Mecca Masjid，恰瑪哈拉皇宮 Chowmahalla Palace，曼地爾廟 Birla Mandir，藍毗尼園 Lumbini Park 的侯賽因薩格爾人工湖 Hussain Sagar，以及湖上的著名佛陀雕像。

由於時間的限制，我在海德拉巴只逗留了 12 個小時。加上交通的耽擱，最後放棄了庫特布夏希陵墓 Qutb Shahi tombs（已經嚴重破壞），以及戈爾康達堡 Golconda fort（最古老的庫特布夏希結構，已是廢墟）。

初來乍到
教授夫婦為我買票指路

我去海德拉巴坐的是奧蘭加巴德的夜行臥鋪火車，共 11 小時。事前我對海德拉巴的交通知之甚少，只知道抵達站在東北，離開站是南站，而景點集中的市中心在西南面。

在火車上的時候，同一臥鋪「廂」裡有一對印度夫婦，男的 55 歲，是教授。早晨醒來後我們開始聊天，直到 9 點到達海德拉巴。他們的閨女在美國新澤西工作，已購房定居，並將晉升「人母」。老兩口計畫於 2014 年赴美探親，我們確有共同話題。

我告訴他們，抵達後我會先去南火車站存包，用公車或嘟嘟車去都行。他們說，不出站就有小火車去南站，時間和價格可省很多。到站下車後他們不忘幫忙幫到底，堅持帶我去售票窗口。當看到買票人不少，情況有點混亂時，就乾脆替我排上了隊。

圖 8-2 火車上的教授夫婦。為我指路買近郊火車票直達南火車站，省時省錢。聊天過程中女兒從新澤西來電話，母親正在接聽。

到了窗口，沒等我遞上錢幣，他們已經付款拿票了。我再三感謝，但他們堅決不收錢，說是不值一提。臨走還叮嚀我：上車在第四月臺，方向不要搞錯。

在印度得到當地人的幫助已非首次，我有時會想：「運氣好」也許是因為I must have done something good in my childhood ？（《音樂之聲》）不過，我沒有想到，下午正有一場「壞運氣」在等著我……。

按照教授夫婦的指點我乘上近郊小火車。車上不乏熱心之人。其中有一位告訴我，總共 4 站就到南火車站。我先去那裡存放行李，遊覽完了從那裡離開。

圖 8-3 同一個車廂也有區別。隔斷那邊是婦女專用。但是女士也可到通用部分來，就像圖中的那位婦女。這裡的風扇乾淨許多，哈哈。

查米納塔門
海德拉巴的歷史性地標

到了老城市中心，有三大景點在等著我，第一個便是查米納塔門。它與海德拉巴城市同齡，且為同一蘇丹所建，一直是海德拉巴的象徵，享有國際聲譽。

查米納塔門是老海德拉巴的中心。傳說早年庫特布夏希王朝遭受瘟疫，國王曾在此禱告，並發誓戰勝瘟疫後，要在這個禱告之地修建一座清真寺。所以查米納塔門實際上也是個清真寺。

不過，17 世紀一位法國人的波斯語文獻記載，查米納塔門修建的目的是為第二個伊斯蘭千禧年的全世界普天同慶，國王選中海德拉巴而建。

這是一種 16 世紀和 17 世紀初的庫特布夏希建築結構，遵循的是古典的波斯建築風格，特點是圓頂加大拱門。整個查米納塔門是一正方形結構，每邊 31.95 米，並有拱門。拱門寬 11 米，四大拱門都面向街道。 四個角落各有尖塔，塔高 56 米，塔尖裝飾華麗。整體結構共三層，每一層內部都有個大廳堂。最高層與底層各有清真寺和印度教寺廟，供信徒祈禱。尖塔內部有 149 螺旋臺階可以上下。

這裡就是當年蘇丹為瘟疫而祈禱的地方。典型的伊斯蘭拱門與宣禮高塔。仰視查米納塔門正面高層可以看到尖塔，陽臺，簷篷等細部，都裝飾華麗精密工整。伊斯蘭的認真「較勁」極端又大氣豪邁之風格可見一斑。

查米納塔門第二層的園形廳堂是中空的。圍繞著的有窗也有室。其中之一是個小印度寺廟。高層的類似廳室有清真寺。不過我去那天都沒有開放。建造者考慮包容了不同的教派。

圖 8-4 海德拉巴地標查米納塔門正面標準像。

四角的尖塔極端地高聳，別具一格，是其一大特色。

麥加清真寺
麥加泥土造就最老最大

麥加清真寺就在查米納塔門西側，是印度的最老最大，也是世界的最大清真寺之一。可同時接納 1 萬名祈禱者。

它由海德拉巴的城市奠基人，即那個庫特布夏希王朝的蘇丹，於 1617 年開始建造，卻在蒙兀兒皇帝奧朗則布（就是那個殺兄囚父篡位的第六個皇帝）攻下海德拉巴後繼續，並完成於 1694 年。

清真寺是一個花崗岩「巨人」，內外均有恢宏氣勢。正殿 75 英尺高，220 英尺寬，180 英尺長。十五個拱門支撐著大殿，三側每邊各有五個拱門，第四側有牆，提供壁龕。主殿的兩端，有兩個巨型八角柱，它們由單塊花崗岩鑿成。八角柱中間有陽臺，並帶遮陽的簷篷。八角柱的頂端，是一個圓頂和尖塔。

主殿的側面，有一巨大的矩形拱狀帶頂篷的建築。它在後來的尼扎姆王朝才出現，安放著當年王朝統治者及其家人的大理石墓棺。

這裡的磚塊由從麥加帶來的泥土製成，用於建清真寺的中央拱門，「麥加」清真寺因而得名。拱門和內部門上裝飾著花卉圖案及古蘭經銘文，雕樑畫棟精雕細刻，典型的伊斯蘭風。

從主殿看陵墓廳館，也相當有氣勢。其頂部裝飾與主殿有類似之處，就是排有一列（小）花崗岩板製成的倒海螺狀圖案。

在陵墓廳館內廳有眾多的墓棺，都是蘇丹和家人的。其中有個墓棺好像最大，應該是那個奠基人蘇丹的。

主殿旁廣場上有個池塘。傳說池塘邊上有兩個石板長凳，坐上去後，必定會再次回坐到上面去。我是不信這些的，也沒見遊人或當地人好奇試試的。也許知道此傳說的不多。

主殿的大吊燈，已有 200 年的歷史。可惜那天都給包裹了起來，未得見「尊容」。

據說庭院有一個房間，內部放有先知穆罕默德的頭髮。但我轉了一下，沒有一個像樣的小建築，讓我覺得「配」得上這種可能，要不就是存心不對外。也罷。

2007 年，這裡曾發生過炸彈爆炸事件，當時是星期五的祈禱時間。至少 13 人死亡，幾十人受傷。

圖 8-5 麥加清真寺及廣場全景。
圖中左面，主殿側面向前延伸的，就是尼扎姆時代加建的蘇丹及其家族墓棺安放地，
也是個大理石建築。

恰瑪哈拉皇宮
山寨的伊朗德黑蘭皇宮

圖 8-6 恰瑪哈拉皇宮正面外觀圖。可惜可能在維修，沒對外開放。

　　恰瑪哈拉皇宮就在麥加清真寺對面，是尼扎姆建築在海德拉巴的最古老範例。它始建於 1750，完成於一百多年之後。在漫長的建造期間，各種不同的建築風格出現，對它的設計建造產生了影響。 據信，它主要模仿了伊朗的德黑蘭皇宮，所以是它的山寨版，但這絲毫不損害其價值與魅力。

　　恰瑪哈拉的英文 Chowmahalla 是波斯語「四」與阿拉伯語「宮殿」的合成，所以意指「四個宮殿」，它也確實由四個宮殿組成。當年王室在這裡招待他的官方嘉賓和王室遊客，包括舉行招待州長將軍等各種禮儀活動。

　　這座皇宮有兩個庭院：南部和北部庭院。最古老的部分在南院，四個宮殿都在那裡。包括噴泉和花園，原本占地 45 英畝，現在只剩 14 英畝。皇宮現在依然是尼扎姆繼承人的財產。 聯合國教科文組織在 2010 授予它「亞太優異獎文化遺產保護獎」。

藍毗尼園佛陀
人工湖中的巨人

海德拉巴的北邊有個人工湖，叫侯賽因薩格爾湖，是建城的蘇丹在城旁的穆西 Musi 河上築壩而成。以湖為中心，周圍建起了公園，寺廟，雕像，還有歷史建築，大大改善改觀了海德拉巴的容貌生態，成為人們休閒遊覽觀光的好去處。

湖邊的那個大公園叫藍毗尼園。湖的中央矗立著在 1992 年所建的著名佛陀雕像。雕像高 18 米，用了一整塊 450 噸的白花崗岩，有 200 個雕塑家化兩年鑿成。公園裡有渡船去雕像所在小島。

藍毗尼園是個遊樂場所。綠草茵茵，環境不錯。進大門不遠是個兒童樂園。園裡面有來回於佛陀雕像小島的公園渡船。本地人為多。人工湖面積約 6 平方公里，水面足夠寬闊浩瀚。

仰視偉大的佛陀雕像，當然了不起，但總覺得略顯粗糙，無法媲美伊斯蘭宗教建築的恢宏大氣又精雕細刻。這好像是佛教印度教的「通病」。

圖 8-7 佛陀雕像也稱釋迦牟尼佛塔，就在眼前。
雕像高 18 米，用了一整塊 450 噸的白花崗岩，
200 個雕塑家化兩年鑿成。

曼地爾廟
比爾拉財團又一福祉善行

圖 8-8 進入曼地爾廟前的最後一張照片。裡面不讓拍照。

　　曼地爾廟與藍毗尼園隔著幾個街區，走走可到。它是由比爾拉家族所建的當代建築，費時 10 年。該家族擁有印度第二大的財團，在印度多個城市興建有印度教寺廟，包括我們介紹過的新德里鬧區的納拉揚廟。

　　這些寺廟都用白色大理石建造，宏偉壯觀，建成後便成為（著名）旅遊景點。人們去那些寺廟，往往不光是精神上的祭祀祈禱，而更是藝術上的觀賞遊覽。

　　曼地爾廟主要供奉財神 Lakshmi 和保護神 Narayan。它對外開放，但是禁止拍照。

　　在走近曼地爾廟的坡邊道旁有個小廳閣，裡面已有（女）財神的雕像。前方露頂的就是曼地爾廟主殿了。沿途建築均為大理石。這是比爾拉家族所建寺廟的一大特點。

飛車驚魂
公車之亂造就瞬間「英雄」

　　飛車驚魂一幕，發生在看完老區三大景點之後。我打算北上去看藍毗尼園佛陀，再看它附近的曼地爾廟。

　　火車上的教授夫婦告訴過我，有公共汽車連接老城區和藍毗尼園。在查米納塔門上遇到的三個年輕人也告訴我，汽車站就在南邊百米處。

　　滿街沒有汽車站牌，我只好自己去找。最後問到一小街窄巷，有公車停靠並進進出出，是個公交樞紐。我問了三個司機模樣的人，卻都說不清楚。我開始不耐。第四個人終於告訴我：車號應該是 8A 或 8C，就在街對面。

　　對面確有人在等車，卻是南行方向。再問人，才知道那車是繞行，先南再北，這就對了。等了十多分鐘，車遲遲未來。我的計畫還包括去庫特布夏希陵墓和戈爾康達堡，時間緊了，我有點著急。

　　大約半個小時後，車號 8A 和 8C 的車終於出現了。車很空，卻不停車。周圍等同一車次的還有幾人，我問他們：為什麼不停？他們說：不知道。我開始冒火。

　　後來又來過好幾輛車，都很空，但也不停。前前後後快 1 個鐘頭了，我開始攔嘟嘟車，怪異的是，一連幾個車都不願去。

　　下一輛 8A 汽車開過來時，幾個等車的小夥子開始蠢蠢欲動。那車又沒有停靠的意思，在面前一二米遠的地方眼看又要駛過。車門開著，車速不快。兩個小夥子跑了幾步，抓住把手，一躍而起上了車。我沒有多想，緊緊其後有樣學樣，跨步上抬也輕輕鬆鬆「飛身」上了車。

　　那車開得不快，但也有 10-20 英里 / 小時的速度。售票員見多不怪只管售票。我出示紙條，問：How much？他看了一眼說：不去那裡。再問一遍，還是不去，

圖 8-9 查米納塔門北面的傳統集貿市場。

這一帶的老市場看到最多的，是珍珠鑽石器皿以及服飾等。

我已經不相信這車了，便拿著紙條問兩個年輕乘客，他們也說：不去藍毗尼園。我這才信了，怎麼辦？

意識到時間的緊迫性，都顧不上喊叫「停車」了，我朝車外縱身一跳！那個瞬間我本能地向車後方向轉了轉身，所以著地時是臉朝後，上身的慣性使我仰摔，著地的是屁股，這樣落地最安全！

當時沒有疼痛，人也清醒。大街兩旁都有人駐足，直眼看我。後面緊隨的一輛嘟嘟立馬煞車，離我約兩米遠。隔著玻璃我能看見面無表情的司機。

知道自己沒事，一陣欣喜，我仰頭伸臂，來了個大大的「V」字型深呼吸！

沒人說話，也沒人扶我，我微笑著爬起身。衣服背包相機查了都沒事，我拍拍屁股，走了。後面的汽車重新鳴響，人流車流又熙熙攘攘起來。最後一個戴眼鏡小夥子幫我叫了輛嘟嘟車，但是時間還是耽擱了。

飛車驚魂，是有點後怕。我清楚，當時沒事，不能保證以後身體也沒事。不過，事後我更多的是為自己「高興」。我意識到，自己似乎膽氣尚存，「血性」依舊。剎那間的本能反應，通常來自一個人的性格與氣質。心中認定一個目標之後，能夠不怕「飛車驚魂」，那麼在其他危急場合不顧一切的忘我與「大無畏」，應該也不是太遙遠的事，哈哈。

於是忽然覺得自己可能有著「英雄」的潛質，不禁「暗爽」起來。海德拉巴之行，想不到印象最深收穫最大的，竟會是這個意外的自我「發現」……。

圖 8-10 從查米納塔門上俯視南街景象。

去藍毗尼園佛陀的公共汽車就在這條街的前方。飛車驚魂就發生在這條大街上。

第九章

最後的輝煌漢皮

漢皮是印度南方腹地的一個小村莊。除了遊客，人口稀少，連個「鎮」都算不上。沒有飛機火車，只有汽車可達。遊客來這裡並非為它的現在，而是為它的過去。

漢皮的過去，是維查耶那加爾 Vijayanagara 王朝的首都。在 1343 至 1565 年間，它是印度南部最大的帝國。

憑籍著四周「三山一河」易守難攻的戰略位置，加上南方富庶的棉花和香料貿易，當年的漢皮經濟發達市場繁榮富甲一方。帝國的王公貴族以此為基礎，建造了宏偉的漢皮城，修築了裡外七道防禦工事。在重重保護之中，蓋起了令人讚歎的廟宇和富麗堂皇的宮殿。

在 200 多年裡，漢皮一直是當時的奢華淫漫之地，同時是婆羅門文化和達羅毗荼藝術的重要中心，更是中世紀世界上最美麗的城市之一。它的宮殿和寺院曾使世界各地的來訪者欽羨不已。維查耶那加爾王朝在 16 世界初葉達到鼎盛。在長達兩個多世紀的時間裡，一直是抵禦北方穆斯林的強大屏障。

在印度的歷史上，伊斯蘭的征服始於 11 世紀，但在以後的幾百年裡，南方藩王

國如維查耶那加爾王朝的強盛，一直將其影響限於北印度的德里蘇丹國。直到 16 世紀蒙兀兒帝國成立，悍軍南下，印度南方才真正受到了威脅。他們曾求助於果阿的葡萄牙人，但最終未能挽救其繁榮盛世毀於一旦的命運。

伊斯蘭入侵者 1565 年攻佔漢皮，使之成為最後一個陷落的印度南方帝國。穆斯林在城中大肆搶掠破壞，6 個月之後棄城而去。留下一個面目全非，村落般的「漢皮古跡群」。「最後的輝煌」轉瞬灰滅。

漢皮遺址現在是聯合國教科文組織的世界遺產，名為「漢皮古跡群」。它是印度所有世界遺產當中，面積最大分佈最廣內容最豐碩的，具有顯著的歷史與建築的雙重意義。更重要的是，它目前依然是世界上最重要和活躍挖掘的考古區之一。它的歷史甚至可以追溯到西元前 3 世紀的阿育王時代。

去漢皮最方便的走法，是先坐火車到其西南方的小城霍斯佩特 Hospet，它汽車總站有很多車次來回漢皮，單程 13 公里 30 分鐘。火車站每天早晨 7 點多也有旅遊專車直達漢皮，但只此一班，過時不候。

　　我坐海德拉巴夜間臥鋪火車，於凌晨到達霍斯佩特，然後換坐汽車去漢皮。當晚再回霍斯佩特坐火車去班加羅爾。漢皮遺址分佈在不到十平方公里的鄉間小道之間，雇一天嘟嘟車可解決問題，時間也夠看遍所有主要遺址。

　　村口豎著的維查耶那加爾帝國年表圖顯示，帝國共有 4 個王朝，其中 Saluva Dynasty 是第二個，1485–1505，最短命的一個。下面會提到的象頭神雕像遺址，和它有關。

　　漢皮村口地理位置是一面傍水，三面靠山。在當今漢皮遺址村口向四周一瞥，路旁到處可見遺留的巨石建築之殘恆破壁。

　　漢皮古跡群各遺址景點間有鄉村公路連接，對機動車很是方便。方圓不到十公里，但是步行遊覽比較費時，難度不小。

漢皮的地標維魯派克薩寺

漢皮遺址的中心地區，是著名的印度教廟宇維魯派克薩寺 Virupaksha。它離汽車站不遠，下車後往北再朝西拐個彎，迎面而來一座拔地而起的龐然大物，就是它。

維魯派克薩寺的歷史比帝國還要悠久，裡面供奉著破壞神濕婆。入口處的塔高49 米，進門之後裡面是一巨大的露天廣場，廣場四周是大大小小的寺廟建築群，其中甚至含有情色的雕像。

維魯派克薩寺的保存難得地完好，碩果僅存香火旺盛，依然是人們朝聖的地方。據傳在重要的宗教節日裡，來自四方的朝聖者們，在通往寺廟的長長地道外集合，甚至睡在薄薄的被褥上等待黎明的到來。有人這樣描述這類壯觀而肅穆的場景：

當拂曉的陽光照在寺內的柱子和神殿裡的佛龕時，黑夜漸漸隱去。在信徒們的心中，生命的神秘性在這裡得到確認，雖不可見卻真實存在的無形的力量點亮了自己的心燈。當朝聖者進行清晨的洗禮時，教主牧師們就著手接受他們的膜拜，那種微妙而強有力的感動，使得任何持懷疑態度的現代人，都不得不重新審視他們所篤信的「不可即時感知的即不存在」的信念。

圖 9-1 維魯派克薩寺正面圖。入口處的塔高 49 米，十分壯觀。
維魯派克薩寺其實是個寺廟群，內有多重寺廟建築。

數百年不散的漢皮集市

　　維魯派克薩寺面前有一條東向的街道，它總長 700 米。雖不再熱鬧起眼，卻是歷史上有名的漢皮集市 Hampi Bazaar 街，當年這街上綾羅綢緞琳琅滿目，美鑽寶石光彩奪目。現今平日已難見昔日光彩，但集市攤販依然存在。每逢宗教節假日的夜晚，遠近的信男信女從四方湧來，幾百年前延續至今的露天貨攤就成了狂歡的海洋。所以仍然值得一提。

　　從維魯派克薩寺前門朝東望漢皮集市街。平日裡已難見其昔日的喧鬧繁華了。

　　遊覽觀賞漢皮古跡，就從漢皮集市街這一帶出發。這裡是漢皮的中心區，嘟嘟車不少。人們不難發現，漢皮最特別的地方，在於整個城市廢墟都以石材為主體，巨大的岩石修建而成的寺廟隨處可見，視覺上的震撼與衝擊在印度獨無僅有。

臭名遠揚的象頭神雕像

　　離集市街不遠，有個象頭神 Sasivekalu Ganesha 雕像。在印度神話與廟宇中，象頭神無處不在。人們說它「臭名遠揚」，是因為他的飲食習慣。傳說有一次，他吃了太多的食物，肚子幾乎爆掉，於是抓了一條蛇，綁在自己肚子上作為腰帶，以免肚子爆裂。所以它的雕像上通常會看到刻在他肚子上的蛇。

　　漢皮的這個單塊雕像鑿自 2.4 米高的一塊巨石。它的展亭是開放式，雕像坐落著半蓮花姿勢，神的四個胳膊分別拿著長牙，刺棒，套索，及一碗甜食。據碑文介紹，這是一個商人於 1506 年為紀念 Saluva Dynasty 所建。該王朝是帝國四個王朝中的第二個，也是最短命的一個。

圖 9-2 象頭神雕像。
保存完好。仔細看看象頭神的蛇腰帶，以及四手拿著的長牙，刺棒，套索，及甜食。

牧牛神崇拜的克裡希納廟

　　克裡希納 Krishna 廟興建於 1513 年。名字來自 Bala Krishna，那是一種牧牛神 Krishnaism 崇拜的早期形式。這個寺廟建築的挖掘已有十年，修復工作至今仍在進行中。克裡希納廟裡面正殿內殿雕朔裝飾講究。這個牧牛神崇拜的克裡希納廟有相當的規模。

圖 9-3 克裡希納廟正門。

可歎天下信徒心的貝黛倍林寺

　　貝黛倍林寺 Badaviling Temple 也是一整塊石頭在原位鑿出，底座仍在水床上。說它是寺廟，實在嫌小，而且破壞嚴重。但是司機導遊依然喜歡帶遊客前來，不為別的，就為一份感動與尊重，因為傳說這是一個窮苦的婦女信徒捐造的。

　　幾乎不能算寺廟的貝黛倍林寺，小而破落，卻贏得人們的尊重。

半人半獅毗濕奴化身的納拉辛哈廟

納拉辛哈廟的全稱是 Lakshmi Narasmiha。根據當地的語言，「納拉辛哈」指的是半人半獅，是主神毗濕奴的第四個化身。雕像高 6.7 米，鑿自整塊石頭，漢皮的最大，也是維查耶那加爾風格雕塑最精美的代表之一。

雕像中，納拉辛哈正以膝蓋盤腿的瑜伽姿勢，坐在一個巨大的七頭蛇的底盤上。蛇的幾個頭像罩在他上方，皮帶支撐著它的膝蓋。寺廟屋頂已經不見，氣候對整塊的石頭雕像損壞很大，四個胳膊已經斷裂，坐在它左膝部的配偶部分已經丟失，臉部也已損壞。它的眼睛突出，面部表情可怕，所以這種表情的「納拉辛哈」，有時也稱為「烏格拉」。

圖 9-4 半人半獅毗濕奴化身的納拉辛哈廟。像人乎？像獅乎？

獨一無二的地下濕婆神廟

地下濕婆神廟 Underground Shiva 是漢皮中最古老的寺廟之一，位於地面之下幾米的地方，由此得名。其建築風格可追溯到 14 世紀。

圖 9-5 地下濕婆神廟建在地平面的下面，而不是地底下的地洞裡。

女人專用的齋納娜大院

　　從這裡開始，已經從漢皮中心區進入了漢皮南區。漢皮遺址中有一片女人專用的「圍場」，叫齋納娜大院 Zananaen Enclosure。連同王后浴室 Queens Bath 一起，它們是全印度世界遺址中獨無僅有的，它引人遐思，想像當年優雅迷人的女人們，在此地起居活動的場景，能為過去的繁榮輝煌平添無數激情和靈感。

　　齋納娜大院是一個四周高牆圈圍起來的建築群，混合了印度－伊斯蘭風格，整體空間很大。裡面的建築包括了蓮花宮 Lotus Mahal，瞭望塔 Watch Tower 等。瞭望塔由太監看管，卻為貴婦人觀宴所用。想必是露天的宴席。當時富人的奢侈豪華生活，可見一斑。

　　齋納娜大院裡的蓮花宮是個兩層的結構，有大量的石灰石膏和灰泥裝飾。它的屋頂由 9 個大小不等的錐體組成，中央的一個最高。從頂部往下看，像一朵盛開的蓮花，由此而得名。整個建築的下層，幾乎全是拱門結構，有 24 方柱支撐。外部都有灰泥裝飾，內部的結構卻很平淡。

　　蓮花宮應該是個社交性的建築，但有人認為蓮花宮其實是一種功能性的「哈瓦」宮，即通過牆內建水通道來為周圍環境提供空氣調節，據稱這些系統後被穆斯林毀壞。不過這種說法找不到多少史料的根據。

　　進入齋納娜大院後不久，首先看到的是皇后宮殿地下室的遺址。宮殿本身已經不復存在。

　　院角設有瞭望塔，有點崗哨的意思。據說卻是貴婦人居高臨下觀宴所用，那應該是露天宴席的場合，因為印度天熱，尤其在南方。

　　據說看管瞭望塔的是太監。說明女人專用的大院裡，還是有男人的。

圖 9-6 蓮花宮是齋納娜大院內尚存的最像樣的建築。

皇家象廄

　　象廄 Elephant Stables 就在齋納娜大院後面。它建於 15 世紀，是一排有著 11 個巨大的拱頂和拱門的長條形建築。拱門造型相同，拱頂設計卻各異。有圓的，方的，疊的，凹槽的，整體視覺卻依然相當對稱。這是一種很少見的設計風格。

　　拱門所對應的內間室相通，有小拱門串連。拱門之間的牆上有淺壁龕。

　　巨大的象廄是漢皮最知名的建築之一。這裡「居住」的象是皇家的大象，在節日期間參與隆重的隊列遊行。象廄近旁還有一個建築，估計曾是象夫或者是侍衛的宿舍。現已改為博物館。

圖 9-7 象廄主建築。共有有 11 個巨大的隔間。

圖 9-8 象廄主建築 內部小間室之間的小拱門。

露天的考古博物館

附近有一個考古博物館，有時間不妨停留一遊。

經典德拉威式的哈札拉羅摩廟

哈札拉羅摩廟 Hazara Rama 其貌不揚，卻有來頭。它是典型的德拉威 Dravida 式建築。德拉威是一種建築風格，流行於印度次大陸及南印度。其主要特點是常有一種金字塔形的結構，而且寺廟依賴錯綜複雜的石刻包括神勇士國王和舞者等裝飾。

德拉威是印度古老的毗羅經典 Vastu Shastra 提到的三種風格的寺廟建築中的一種。Vastu Shastra 是一本古書，講的是自然法則對人類居住的影響，有點像中國「風水」的意思。它是印度教建築學的指導性經典，已有千年的歷史。很多王國和帝國都對德拉威建築的發展及演變做出過重大貢獻。

德拉威風格的建築，也可以在印度北部，東北部和中部斯里蘭卡，甚至馬爾地夫和東南亞各地找到。包括柬埔寨的吳哥窟和印尼的普蘭巴南 Prambanan，都可以找到早期德拉威風格的影子。

寺廟柱與牆上的繁複石刻精美細緻，是德拉威風格的一大特點。外牆上的雕塑圖案多為人物，有歌舞也有戰爭的場面，也是德拉威石刻的主題。

哈札拉羅摩廟的結構呈金字塔形。這是德拉威風格的另一大特點。

圖 9-9 哈札拉羅摩廟主殿正面圖。前廟簷已經不再保持水平，似有損壞了。

圖 9-10 不同石料石質構建的柱子。石刻精美。

古印度的「貴妃池」王后浴池

　　王后浴室 Queens Bath 原先有自己獨立的院落，由一間換衣室和一間浴室組成，現在只存浴室了。外觀平淡無奇，內部裝飾華麗，兩廂對比強烈。建築 30 平米，內部 15 平米，深 1.8 米。

　　浴池四周建有拱頂拱形走廊，華麗的陽臺直突伸至浴池。蓮花噴泉噴湧著芬芳的水流，入水通道以及環繞四周的「護城小河」，確保著新鮮水源的源源不斷。走廊有臺階直通浴池底部。與中國的貴妃池相比，後建近千年的老印王后浴池，難怪要裝潢裝備裝飾講究豪華許多。

圖 9-11 王后浴池內部裝飾十分講究。

王后浴池內部裝飾頗有西韻歐風的味道。浴池四周的「陽臺」和噴管，圍繞著浴池，臺階直達浴池底部。浴池四周建有拱頂拱形的走廊，相當豪華。

巧奪天工的維塔拉寺廟群

　　漢皮最令人稱奇的，當屬維塔拉 Vittala 寺群。連嘟嘟車司機送我到門口時，都特意叮嚀說：這是最重要的一個，慢慢看。

　　維塔拉寺廟群有兩個重要的觀賞點：其一，寺廟的幾十（有說 56）個柱子，能發出悅耳響聲（風吹過時），讓人不可思議。英國人曾特意鋸斷了兩根，要查個究竟，結果除了空心支柱什麼也沒發現。其二，寺廟旁的石制戰車，工藝精巧，聲名遠揚。兩隻浮雕大象在奮力拉車。整個作品奇妙無比。其石輪至今仍能轉動。更為奇特的是，整個石車本身其實是一小型紀念碑，也是一座功能性的迷你小寺廟。

　　傳說中，當年的主神毗濕奴都覺著住在漢皮這裡太奢華了，竟重新回到了他簡陋的老家。曾經的富貴奢華可見一斑。

圖 9-12 那 56 根柱子的故事與傳說，就發生在這裡。不過我沒找到英國佬鋸斷的那兩根石柱。

圖 9-13 工藝精巧，聲名遠揚的石制戰車。拉車的是大象，石輪據說仍能轉動。

圖 9-14 廟宇內外繁縟浮華的石刻裝飾藝術。

當天我在司機推薦的一家餐館用了餐。就在漢皮中心區，集市街的後街僻靜處，好像叫 Co Co Restaurant。說是西方遊客愛去。我看了半天菜譜，最後點的還是「亞洲炒麵」。沒辦法，吃過的外國菜，品不出好歹也記不住大名，到頭來還是只戀自己熟悉的飯菜。

那餐館鋪面不大。餐館裡有類似地鋪的「雅座」，倒也別致。

我的亞洲炒麵加亞洲沙拉。其實只有黃瓜胡蘿蔔洋蔥。沙拉上猛加番茄醬，算是蔬菜吧。飯剛來，果汁飲料已經完了，再來一杯。

離開最後一個漢皮遺址前，我在維塔拉寺群門口與幾位老印小聊了一會兒。其中一位是導遊，兩位守門人，還有一位當地「閒散」小年輕。我說，「最後的輝煌」，早已不再輝煌，漢皮能留下這些，已是萬幸。這裡的一切，見證著戰爭與征服的殘酷，見證著歷史變遷與更替的無情。對我的「感慨」，那幾位老印卻笑而不語。也許沒聽，也許不屑......。

歷史由人類書寫。然而，人性人情的絢麗多彩，卻似乎與歷史的殘酷無情毫不相干。令人唏噓，令人扼腕！

第十章

峰廻路轉班加羅爾

印度南方最大最重要的城市，除去孟買就數班加羅爾了。在全印度，班加羅爾也僅次於新德里，孟買和加爾各答，名列第四。

但班加羅爾的歷史卻不算「出彩」。儘管有過石器時代器物的發現，儘管有西元前的羅馬硬幣出土，說明當時已有跨洋的貿易，但在長達十多個世紀的時間裡，幾個南印度王國的輪番統治，都沒有對現代班加羅爾有過實質上的貢獻，也沒有留下過真正的古跡。

直到 16 世紀，班加羅爾才出現雛形。當時南方最大的帝國是漢皮的維查耶那加爾王朝，它將班加羅爾的藩王強行納為附庸國，並出於戒心，只允許班加羅爾建造一個「泥堡」Mud Fort。泥堡所圍的，就是後來班加羅爾的老城區。

附庸國隨著維查耶那加爾王朝的倒臺而宣佈獨立。但很快又被北來的蒙兀兒帝國打敗，隨後賣給了鄰近的邁索爾 Mysore 王國。邁索爾國王死後，總司令篡權，總司令的兒子就是後來班加羅爾的蘇丹提普 Tipu Sultan，他是現代班加羅爾之父。班加羅爾的古跡，也從提普開始。

18 世紀末，英國人打敗邁索爾王朝，佔領班加羅爾，並將駐軍也搬了過來。不過後來由於種種原因，又將行政權交還給邁索爾大君。從此，以泥堡為中心的老城

區開始開發；而英國駐軍在四周也建起了新鎮。1947 印度獨立後，新鎮與老城區合併為一，成了今天的班加羅爾。

現代班加羅爾大街上，走路時隨機可以看到寺廟建築，不見得是什麼有名的寺廟。街上故風舊貌，難以感受現代大都市的氣息。

班加羅爾在現代的飛速發展，離不開地點與氣候。它海拔高達 900 多米，氣候溫和宜人。最熱的 5 月平均 27℃，最冷的 12 月 21℃。全年四季如春，這在印度尤其難得。

英國人當年駐軍的大搬遷，也說明他們最早發現了班加羅爾是一個愉快和適當的駐地。後來的尼赫魯政府，在印度獨立後選擇印度高科技發展基地時，煞費苦心反覆比較，最後選定班加羅爾，也是因為它氣候宜人、乾淨整潔，空氣品質好。符合精密製造業研究發展的要求。

圖 10-1 街景。班加羅爾應該算是相對比較乾淨的城市了，但還是有點擠，有點亂。

圖 10-2 班加羅爾的一個高速公路入口。這是我進入印度後，第一次看到的高速公路。我甚至問過印度人：印度有高速公路嗎？答：Many。

圖 10-3 甘地音樂基金會。

班加羅爾的成功，有環境、教育和政府扶持等三大主因。雖然只有 600 多萬的人口，它上繳的個人所得稅在印度的城市中卻名列第二。

　　現在的班加羅爾是印度平均教育程度最高的城市，名牌大學雲集，擁有的工程學院居印度首位。印度政府 1991 年投資興建高速傳輸資訊的微波通訊網路 SoftNET，在當時是個創舉，為班加羅爾吸引大量著名企業提供了重要幫助。

　　現在的班加羅爾也是印度資訊科技的中心，人稱「印度的矽谷」，印度 35% 的 IT 人才都在班加羅爾。微軟、惠普、3M、Infosys 等世界知名企業都在這裡設有辦事處。1999 年，印度成立資訊科技部，成為當時世界上少有的專門設立 IT 部門的國家之一，可見對 IT 的重視。

　　現在的班加羅爾還是印度主要的重工業基地，主要的飛機製造廠，電器、通訊設備、機床、汽車製造、製藥等工廠都在這裡聚集。所以，班加羅爾是名副其實的「科技之都」與「工業之都」。早在 1988 年，班加羅爾就被美國《新聞週刊》評為全球 10 大高科技城市之一。

　　我去班加羅爾，不是做「工作考察」，重點當然不在那些工業中心，科技中心，IT 中心。知道它的份量的同時，可看應看的，依然是它的古跡與景點。我原計劃逗留兩天，後來總計畫裡擠進了馬杜賴，便壓縮成了一天。班加羅爾畢竟景點不多，市區也不大不小。不過雖然公共交通很多，我還是雇了一段嘟嘟車去轉。圖個省事，也算半個導遊。

圖 10-4 一個國防研究開發機構。這樣的標識就寫在臨街的牆上，在城裡很容易看到，說明這類公司和機構的普遍。都對公眾大言明示，高牆裡面就不一樣了。

提普夏宮

提普是個人名。夏宮的全稱是 Tipu Sultan's Palace，即蘇丹提普的皇宮。它坐落在老班加羅爾的中心，離歷史上的泥堡不遠。

夏宮始建於提普老爸的1781年，完成於提普本人治下的1791年。最早是其住所，後變成夏宮，也作辦公用。

從外表看，提普夏宮象個一層高的大亭閣而已，其實它有兩層。兩層樓之間有四個樓梯連通。

一樓的中央是個大廳，大廳有不少巨大的木柱支撐。柱子身上有豎條凹槽美化，上方有圓拱和托架裝飾，這是典型的印度－伊斯蘭建築風格。二樓的角落處有四個房間，供女人專用。兩頭各有陽臺式的樓廳，那裡放著蘇丹發表講話或辦公時的專座。還有一個私人小房間，現在是博物館。

建築的整體色彩偏暗，這在印度－伊斯蘭風格的建築中不很常見。雖說是蘇丹的夏宮，它上層兩端的樓廳，除辦公和演講外，也進行過一種稱為「杜巴」的活動。杜巴是一種蒙兀兒時代的法院形式。

宮殿的牆上裝飾著鍍金的花卉圖案及繪畫。繪畫所畫有提普本人的肖像，及其蘇丹寶座。據傳蘇丹寶座表面塗金，並鑲有祖母綠寶石，極為貴重。提普當年發過誓，要徹底打敗英國軍隊後才會用它。但他在第四次盎格魯‧邁索爾戰爭中死去，英國人占了夏宮，並拆除了宮裡的寶座，按部件分別拍賣。因為寶座實在太昂貴，無人買得起。

夏宮曾出土一塊石頭，上面題詞寫著：「幸福的居所，天堂的嫉妒」。

圖 10–5 提普夏宮從正面看，像個一層高的大亭閣，其實它有兩層。

圖 10–6 提普夏宮二樓有陽臺式的樓廳，蘇丹曾在此演講。

梵卡塔垃瑪娜寺

梵卡塔垃瑪娜寺的全稱是 Sri Venkataramana Temple，也有稱 Sri Devika Suresh 的。它是個印度教寺廟，供的是主神毗濕奴的一種形式，稱為 Venkateshwara。據說這種形式是為了表達主神對供奉者與信徒的愛。

寺廟就在提普夏宮的隔壁，它不收門票。但要脫鞋，鞋就放在地上，但有（不知哪來的）婦人收取「看管費」。

寺廟有個前庭，通向中央大廳。大廳中間才是祈禱祭拜的「聖地」。整個寺廟的裝飾並不濃重，這與邁索爾時代的建築風格一致。寺廟裡最突出的是它的大廳支柱，支柱的四個方向都雕有印度教傳說中神獸，精美逼真。

在主要宗教節日期間，成千上萬的信徒會聚集這裡，將寺廟擠得水洩不通。著名幻想小說《第七屆石之謎》（2010），就是以此寺廟為背景寫成。

大多數印度南方的印度教寺廟，都是這種德拉威風格，即離不開某種金字塔型的尖頂，但頂部並不真的「尖」，而是有平「削」。

圖 10-7 從提普夏宮的前庭花園，就能看到相鄰的梵卡塔垃瑪娜寺。

牛廟

　　牛廟 Bull Temple 供的是濕婆神的座騎 Nandi，它是頭牛。該廟建於附庸國建泥
堡的年代，也是德拉威風格，這種風格在印度南方盛行，整個建築並不大。

　　我們已經在漢皮看到過德拉威風格，它是印度古老的毗羅經典提到的三種風格
的寺廟建築中的一種，流行於印度次大陸及南印度。

　　這座寺廟是城裡最古老的寺廟，吸引著來自全國各地的信徒。廟內有個巨大的
公牛神像，高 4.5 米，長約 6.5 米，據說雕鑿自一整塊岩石。公牛頭上也有一個小
鐵板。按照傳統，這種鐵板可以防止公牛的「生長」。

　　傳說建牛寺的目的，是安撫當地的一頭牛。當年它吞食並銷毀當地種植的花生
和花生豆。該廟建成後，那公牛果然就停止了破壞。為慶祝這個成功，農民在廟的
附近組織了花生博覽會，這個傳統一直延續至今，參加者眾。

圖 10-8 牛廟週邊入口處。需走一小段臺階才到寺廟。兩個牛角十分醒目。

圖 10-9 濕婆神的座騎，神牛 Nandi 供奉在此。有專人伺候。

拉爾巴格植物園

　　拉爾巴格植物園 Lalbagh Botanical，也叫「紅花園」Red Garden，是印度知名的植物園，收集了印度最多的熱帶植物，有一個水族館和一個湖，是班加羅爾的主要旅遊景點之一。

　　花園由當年的蘇丹提普父子兩代人建成，可謂歷史悠久。它每年都會舉辦花展。

賈婭瑪哈宮

　　賈婭瑪哈宮 Jaya Mahal Palace 現在是個五星級賓館，不對外。它的歷史有點神秘，連本地人都未必清楚它的存在。資料介紹也少，只知道它曾經屬於邁索爾大公，與大名鼎鼎的班加羅爾宮甚至有「姐妹宮殿」的誇張說法，但規模上要小很多。

圖 10-10 走近神秘的賈婭瑪哈宮，現在是五星級賓館。從規模來說，作皇宮小了點，作賓館正合適。不過提普夏宮也不大，也許那年頭不興誇張奢侈？

班加羅爾宮

　　班加羅爾宮 Bangalore Palace 是該市最具觀賞性的景點。它由邁索爾的大君建造，八十多年後的 1944 才得以完成。其設計有強烈的都鐸 Tudor 風格，外部建有炮樓城垛和塔樓，以至於被誤認為是英國溫莎城堡的翻版，其實不是。

　　都鐸建築風格是一種中世紀建築風格，在都鐸王朝時期發展到極致。它的影響超越了都鐸王朝，對於英國保守的大學如牛津和劍橋，影響巨大。

　　這座宮殿建築面積 4 千多平方米，連同四周的面積超越 454 英畝，相當可觀。宮殿室內共有 35 間客房。

　　班加羅爾宮外院也相當可觀。院裡露天陳列著古炮。

　　宮殿曾進行過裝修，大部分材料包括彩色玻璃和鏡子等均從英國專門進口，只有一個手動升降機和木制風扇從通用電氣公司進口。 宮裡配置的傢俱多為新古典主義或維多利亞和愛德華時代風格。

圖 10-11 班加羅爾宮強烈的都鐸特色，使其保守的古典風撲面而來。

圖 10-12 班加羅爾宮正門。

　　宮殿一樓有個開放式小廳院，還有一個宴會廳可舉行私人派對，不過我不太喜歡這裡暗暗的色調。二樓有一個稱為杜爾巴 Durbar 的大廳，建造裝飾得十分精心，有哥德式風格的彩色玻璃窗點綴。國王曾在此大廳演講。一樓與二樓間有樓梯直達。樓梯本身裝飾精美，牆上掛滿繪畫。樓梯盡頭處的杜爾巴大廳入口，有一個巨大的象頭裝在上面。

　　宮殿的內牆掛著很多 19 世紀中葉的古畫，其中包括一些希臘和荷蘭的繪畫。有趣的是，當局提供的語音介紹，對這些畫一概不提，據說是因為裸體較多的緣故。圍繞皇宮的廣闊場地曾用於舉辦公眾活動如音樂會等，很多國際藝術家在此表演過。

圖 10-13 一樓與二樓間的樓梯及圍欄，裝飾精美，做工精細。

圖 10-14 二樓的杜爾巴大廳，國王曾在此演講。

議會大廈

議會大廈 Parliament，又叫 Vidhana Soudha（不知何故）。獨立後 1951–1956 時的邁索爾邦首席部長規劃而建。據說，這個新德拉威式花崗岩建築，不僅在班加羅爾，而且在印度，都稱得上是一個奇跡和最雄偉建築。

前廳的樓梯極為宏大，有四十五個臺階，高 62 米，寬 21 米，直達一樓大會廳門廳。

大樓的設計既古老又現代。古老的是其德拉威風格：支柱頭飾飛簷拱門，以及繁重的山形牆和圓頂杆頭等豐富華麗的雕刻裝飾。現代的是其施工：使用了當今的材料，如鋼材，鋼筋水泥混凝土玻璃，塑膠等。

（邦）議會大廈現有鐵網圍繞，非為施工，而為反恐。一般人不能隨意進出，需先登記取得許可。

若換一個角度看議會大廈，畢竟其現代化的氣息超過了老德拉威風格，難怪叫「新」德拉威風格。

在議會大廈旁邊，還有一個叫 Vikasa 的大樓，屬於同一經典風格。卻是一個超現代的建築。司機給我說了一通，我卻沒找到多少資料。外表確實不同凡響，值得一看。

高等法院

高等法院 High Court 的建築據說很有特色，值得一看，嘟嘟車司機就帶我去瞄了一眼。看高等法院只能隔著鐵欄。印度很多地方的法院，好像都不讓普通人進出，出於安全考量？

城市集市

城市集市 City Market 是個非常雜亂無章的大集市，位於市中心不遠，在一個高架高速公路的下面，公共汽車樞紐站附近。但是汽車的進站與停靠卻沒什麼章法，平添更多的混亂。旅遊資料裡卻有不少提到這個市場，所以我去體驗了一下。

圖 10-15 所謂城市集市，占地不小，東西種類卻不多。
主要買賣的，都是與宗教儀式有關的東東，看不見其他物品或食品。

我在班加羅爾峰廻路轉

去班加羅爾之前，我遭遇了印度行的最低潮。倒是沒病沒災，沒丟錢也沒被騙，但是窘迫之極，幾乎寸步難行。

在漢皮時，手錶帶突然斷開，幾乎掉進「茅坑」。新買的錶帶居然是膠黏，沒有線縫，在大汗淋漓之下開裂。

更要命的外褲也突然破損，膝蓋往上垂直裂開近一尺。走前看它還「堅實」，印度人又不穿短袖短褲，所以長短褲我都沒帶備份。一下子找不到店鋪，一條褲子難倒英雄漢，我擔心它「全面崩潰」，心裡有點惶恐。

我用手揪住裂縫，彎腰行走。但走得彆扭也很累。我改成褲腿上卷到膝，露著一條小腿走路，熬到了去班加羅爾的火車上。但褲子裂縫還是在不經意間繼續擴大。我挖空心思想翻出點別針之類，或想出什麼點子，但什麼也沒有。就這樣到了班加羅爾。時間太早，我叫嘟嘟車直接去了提普夏宮，沒開門，就先去一英里外的城市集市轉悠。我走得很慢很小心，不知道這「褲襠危機」會如何收場。

將近一小時後，我從原路返回，但在五叉口迷了路。正在沮喪之際，忽然看到一家小鋪，上海「胭脂店」的那類，櫃檯後坐著的老頭離行人也就咫尺之遙。我下意識地停下，問：Needle? 並抬腿展示裂縫。老頭伸手到台下，拿出了一根針，一團線，說：6 盧比。啊哈！我狂喜。那一刻，一切雨過天晴⋯⋯。

後來的故事就簡單了：我縫好了褲縫，「輕快」地堅持到我買了條印度新外褲。

真個是：百密一疏，窘迫開檔褲。峰廻路轉，天無絕人路。

附言：伴隨我走萬里路的這條外褲，是我出門遠行的最愛，平時都捨不得穿的。因為它方便實用：兜多袋大，封蓋嚴密；寬鬆而不拉塌，休閒也算體面；布料結實耐用，走南闖北十年。沒想到為我獻身在印度。一個時代的結束？想來竟有些不捨與懷念⋯⋯。

第十一章

東方雅典馬杜賴

　　馬杜賴，靠近印度最南端，人口一百萬，是泰米爾‧納德邦的第二大城，但不是首府。我一開始沒計畫去那裡，因為我要從南方最後一站直接飛回新德里，而馬杜賴的飛機航班不多，所以最初我選的是金奈。

　　一次晚餐的機會，同桌的印度夫婦知道了我將去印度，極力推薦馬杜賴。回來後重審旅行計畫，我決定擠下班加羅爾一天的時間，改去馬杜賴。現在回頭去看，我為自己的臨陣調陣感到慶倖：幸好沒有錯過馬杜賴！

　　馬杜賴是世界上最古老的人類連續居住地之一，其歷史始於西元前 3 世紀，那時它已很繁華，和希臘及羅馬都有貿易來往。當時希臘駐印度的大使，以及北方孔雀王朝的一個大臣，據記載都曾提及過馬杜賴。

　　馬杜賴歷史紛繁古風濃郁，在不同的時間被不同的王朝統治過，其中主要有：12 世紀開始的邦迪耶王朝 Pandya，14 世紀中葉的（漢皮）維查耶那加爾帝國 Vijayanagar，16–18 世紀的納亞克王國 Nayak，還有 19 世紀初的英國東印度公司。

　　其中 200 多年的納亞克統治是馬杜賴的鼎盛期，那時藝術、建築、學術發展達到了新的顛峰。事實上，這個城市裡最著名最美麗的兩個古跡與景點，米納克希神殿和納亞克宮，都是那個時期的產物。

游馬杜賴有三層意義：1它是印度教七大聖地之一；2它是兩千年達羅毗荼文化的中心；3它著稱於世的精美雕刻藝術與建築成就，使之有「東方雅典」之稱。

　　首先，馬杜賴是印度教聖地，它的米納克希神殿是南印度最負盛名的印度教廟宇。教徒們認為，到米納克希神廟頂禮膜拜，就如同到恆河中沐浴一樣神聖。

　　其次，馬杜賴也是二千多年來的達羅毗荼文化中心。在西元前 1780 年至西元 3 世紀之間，馬杜賴有過三次學者及詩人參加的傳奇聚會，那種大會叫 Sangams，是以泰米爾語為形式的達羅毗荼文化藝術的一種盛會。有一種傳奇說，在第三次大會期間，詩人作品的優劣，是讓作品浮在寺廟的荷花缸上來決定的。據說，有一種神聖的力量，會使優越的作品浮起來，而劣質的則沉下去。

　　「達羅毗荼」，「德拉威」，「泰米爾」三個詞，表面上看風馬牛不相及，其實是相通的。

圖 11-1 現在馬杜賴火車站正面圖。

圖 11-2 現今馬杜賴街景，在第一景點米納克希神殿附近。

「達羅毗荼」發音「達羅皮土」，最早出自《大唐西域記》，因為唐僧玄奘來過二千年前的達羅毗荼文化中心馬杜賴。「達羅毗荼」的英文是 Dravidian，可見中英文的發音相去甚遠。而「德拉威」Dravida 則與 Dravidian 同根，是其新譯。

此外，歷史上的 Dravidian 是一個英國學者借用梵文 Drāvida 一詞創造的，而 Drāvida 在早年梵文文獻中，指的是南印度的泰米爾語－泰米爾人，而馬杜賴則是泰米爾人的集居地。

所以，泰米爾人的達羅毗荼文化，與德拉威所屬的毗羅經典 Vastu Shastra，是同根同源的歸屬關係。Vastu Shastra 是一本古書，講的是自然法則對人類居住的影響，德拉威是其宣導的三種寺廟建築風格之一。

最後，從漢皮到班加羅爾再到馬杜賴，在印度南方一路上所看到的輝煌精緻的德拉威式印度教寺廟，都源於歷史上的達羅毗荼文化中心馬杜賴。

這些德拉威式建築，邃閣高樓宏偉壯麗；畫棟雕樑精美細膩。它在雕塑與建築方面的輝煌，加上它千年文化藝術的成就，使得馬杜賴有了「東方雅典」的美譽。而馬杜賴的米納克希神殿，就相當於雅典的阿克羅波利斯（衛城）。

除了文化和藝術，馬杜賴與政治也有歷史的淵緣。

1921 年，聖雄甘地正是在馬杜賴，看到農民的穿著之後，率先採納了腰部束布作為他以後的商標性的著裝方式。

馬丁‧路德‧金也參觀過馬杜賴的甘地博物館，那次參觀訪問啟發和堅定了他以和平抗議的方式來領導反種族歧視運動的決心。

1939 年印度通過廢除「禁止賤民進入印度教寺廟的規定」法案，領導這一努力的先驅，就是馬杜賴的米納克希寺。

馬杜賴吸引著大批國內和國外的遊客。僅 2010 年，據統計遊客就有 9,100,000 人，其中 524,000 是外國人。

馬杜賴的文化與宗教豐富多元，除了印度教寺廟，也有清真寺和天主教堂。它也俗稱「不夜城」，夜生活豐富活躍。所以，不同愛好與偏向的遊客，去馬杜賴可以各得其所。就我所關心的古跡與景點而論，最主要的就是米納克希神殿和蒂魯瑪萊－納亞克宮，它們都在市中心，還有就是河東岸的甘地博物館， 據說裡面有甘地遇害時的血衣。

我在馬杜賴一天，按順序叫嘟嘟車去了米納克希神殿，納亞克皇宮，以及甘地博物館。

輝煌壯觀最負盛名的米納克希神殿

米納克希神殿全稱 Meenakshi Amman Temple，是個巨大的寺廟群，建於 16 – 17 世紀。其實它的歷史要早很多，只是在 14 世紀初被伊斯蘭入侵者破壞。現在的神殿，是納亞克第一任國王於 16 世紀重建的。

廟內供奉米納克希神和濕婆神。米納克希是印度教女神帕爾瓦蒂 Parvati 的化身，帕爾瓦蒂是濕婆的配偶，所以實際上這是濕婆倆口子的「夫妻老婆廟」。「兩口子」的兩個孩子——象頭神伽尼什和座騎牛南迪也被供奉在裡面。一個如此重要的寺廟，卻不像大多數南印度寺廟那樣供濕婆（男）為主神，而是供奉女神並以女性命名，實屬少見。

「米納克希」其實是邦迪耶國王女兒的名字。傳說她出世時有三個乳房，神靈告訴國王不必擔心，第三個乳房會在女孩遇到她未來丈夫時消失。她被定為王位繼承人並領兵出征，先後戰勝濕婆軍和濕婆的坐騎公牛南迪，但在她進擊濕婆而看到濕婆本人的那一刻，由於羞澀竟無法抗拒而低下了頭，第三個乳房立刻消失了。

米納克希寺廟是個大院落，方方正正每邊 300 米長，位於市中心。馬杜賴的主要街道，就是沿著神廟圍牆的環狀道路逐漸向四面擴展開來的 。

寺廟的週邊建有 4 座塔門，東南西北各一座，45 – 50 米高，鎮守四方門戶，尤以南門最為壯觀，高 50 米。各塔門上雕刻著以印度教神話為主題的人物和動物，外型採用傳統印南寺廟的梯形設計，廟頂有「經輪」狀的飾物，外牆有無數雕像組成，色彩鮮豔，非常宏偉。據估計，寺廟內的總共大小雕塑上萬，甚至幾萬。

寺廟群的神殿正堂號稱千柱廳，實際只有 997 根石柱，皆有精巧的雕刻。柱廊可作為信徒休息之用。院落中央建有一巨型金蓮池，供信徒沐浴潔身之用。廟內另有博物館，展示印度教的神像、雕刻品和圖片。遺憾的是，神廟內部不讓拍照。

米納克希神廟是南印度建築、雕刻、繪畫等藝術的傑出代表，每天從四面八方

圖 11-3 米納克希寺廟塔門，十分震撼。密密麻麻的精細雕像從上到下繁縟密集，令人驚歎。

到此朝聖的香客絡繹不絕。印度教徒認為，到米納克希神廟頂禮膜拜就如同到恆河中沐浴一樣神聖。每年四五月間，這寺廟會舉行歷時天的盛大祭祀活動，信徒從各方而至，盛極一時。

在提名「世界新七大奇跡」時，米納克希寺廟名列前 30。

恢宏又精巧的南方奇跡納亞克皇宮

納亞克宮全稱 Thirumalai Nayak Palace，是國王提盧馬萊－納亞克於 17 世紀所建，並以他名字命名。Nayak 王朝是馬杜賴歷史上的鼎盛期，Thirumalai 是其最偉大的君王之一，他在馬杜賴和周圍建起了各種顯著的建築，功不可沒。

這宮殿是德拉威（達羅毗荼）和伊斯蘭風格融合的一個經典。宮殿的設計者，是國王聘請的義大利建築師。其規模超過了印度同時代的許多同類建築，國王的雄心由此可見。宮殿內部裝飾華麗精雕細刻，而外觀則簡樸肅穆嚴峻大方。

納亞克宮是當年國王居住的主要宮殿，原來的宮殿建築群比目前的大四倍。鼎盛時期，它是南方的一大奇跡。

在 400 多年的時間裡，納亞克宮的許多部分都遭到了損壞，因為戰爭；也因為改作他用，比如東印度公司時期轉為軍用，作糧倉和火藥庫；還因為國王的孫子拆除了大部分精華，去建他自己的宮殿。

18 世紀時這座宮殿的的許多建築被推倒，併入相鄰街道。現在只剩下了這個封閉式庭院，已大不如從前。它的中央庭院占地 3,700 平方米，庭院的一頭，是個雄偉的大廳。

納亞克宮獨立後即定為印度國家級歷史文物。

圖 11-4 納亞克宮內部寬敞明亮，氣勢恢宏。這是進門後首先看到的庭院及主廳。

圖 11-5 走進主廳一景。中央放置的據說是當年的「龍椅」，但未見到說明。

錯過開放日的甘地博物館

參觀完納亞克宮後，我在宮外叫嘟嘟車想去甘地館。車夫們卻說週五關門，我才意識到自己疏忽了，馬杜賴臨時加入，匆忙了。但我還是決定去，試試「死泣百咧」「如簧之舌」的運氣。結果未能入館，卻偶遇一老車夫，收穫了一段意外的感觸和感動。

圖 11-6 甘地博物館正面圖。

慈祥溫馨自力謀生的老三輪車夫

我到達甘地博物館時，周圍幾乎沒人。我在外轉悠的時候，有人上前輕聲說：後面還有博物館。我回頭，是個文謅謅的慈祥老人。

按他的指點我去了後面。回來時，老人又過來，這次推著輛三輪車，問我坐不坐。我笑著搖搖頭。

老人推著車跟著我，問：你去哪裡？我說：火車站。又說：您歲數大，太累。他說：不累，沒問題。說著停下車，從車底的「工具箱」裡拿出好些複印的彩照，都是他和不少（外國）遊客的合影，還有他兒孫滿堂的全家福照。他一張張地翻，輕聲輕語地念叨，一臉的喜悅與自豪。

我不由暗生惻隱之心：也許應該成全他的生意？他又說：火車站，70盧比。這有點意外，因為嘟嘟車都要80，人力怎麼會更便宜？老人靜靜地跟我朝路口走。我心動了，說：好吧。你慢慢蹬，別太累。他依然微笑。

三輪車有頂棚，壓得低，我不得不捲縮身子。老人細心，沒走多遠，就轉身抽動一根繩索，將頂棚捲走。眼前敞亮，我能直起腰了。但自己在熙熙攘攘的大街上，也因此顯得矚目。沿街觀景倒是方便了，但多了份「欺壓窮人」的「內疚」感。

在紅綠燈前停下車時，老人幾次回頭朝我微笑。那情景，就像接了位久別重逢，想多看幾眼那般。後來在大橋下遇到坡路，他下車手拉，我叫他暫停後自己也下來幫他一起推。他起先擺手，後來沒有堅持。推了一段後，我都忘記上車了。老人覺得奇怪。其實那時我覺得老人太辛苦，想換過來我來蹬車的心思都有了。最後還是重新上車，眼看著老人上下扭動的瘦削身軀，竟然眼眶濕潤了許久。

最終他用了大約40分鐘，居然就到了目的地。我下得車來，老人依然慈祥地望著我笑。我拿出紙幣100給他，沒讓他找零。我使勁握了握他手，給他拍了個照，走了。

可是他那樸實的臉，那慈祥的笑，從此永留我心頭：在世界的一隅，有這麼一位老者，自食其力，勤勤懇懇，溫馨慈祥，默默無聞，平凡平和，知足知樂地活著……。

圖 11-7 在交通燈前停車時，老人多次回頭朝我微笑，不說什麼話。

圖 11-8 到達目的地後，分手前我給老人拍照留念。

第十二章
伊斯蘭止步金奈

金奈是我在印度南方的最後一站。我選中它，是因為直飛新德里的航班多。但在做計畫的後期，我才知道它本身就是個極富特色和魅力的南方重鎮。可惜為了趕下午 5 點左右的飛機，我只有半天多時間。到頭來，金奈是除了齋浦爾之外，我最沒有看夠而帶著遺憾離開的城市。

金奈位於印度東南沿海，是泰米爾－納德邦的首府，人口 4 百多萬。和同邦的馬杜賴均為達羅毗荼千年的文化中心。

它起初是一個很小的漁村，歷史上被許多印度南方王國統治過，16 世紀葡萄牙人到達這裡，建了一個港口，基督教使徒便來此傳教。17 － 18 世紀荷蘭東印度公司和英國東印度公司，甚至法國人都分別接管過金奈。18 世紀末，英國人最終征服了金奈及周圍大部分地區，一直統治到 20 世紀印度獨立，將它建成了南部重要的商業和行政中心以及海軍基地。正因為它的重要性，尤其是面對孟加拉灣與印度洋的戰略地位，它是第一次世界大戰期間唯一遭到同盟國襲擊的印度城市。

金奈在印度非常獨特。它基本上是英國人建立的一個海港城市，也是西方基督

教的重要傳教基地。更重要的是，它是一個沒有受到伊斯蘭教文化影響的，「純粹」的印度文化寶庫，這在印度極為罕見。

金奈現在是全國第四人口多的大都市區，世界上第 31 大都市區。除了孟買和班加羅爾之外，南部「老大」就數它了。生產總值在印度大都會中排名第四，並被認為是世界上發展最快的城市之一。

現代金奈道路寬闊，交通基本暢通。我沒有看到北方都市里常見的那種車牛人狗擠道搶路的情景。金奈的工業化程度相當高。

金奈的經濟具有廣泛的工業基礎。資訊技術 IT 是印度的第二大出口城市，僅次於班加羅爾。印度汽車產業的大部分公司總部設在這裡，故有「印度的底特律」，甚至「南亞的底特律」之稱。

它也是僅次於孟買的印度第二金融中心，全國「三大」證券交易所之一的馬德拉斯證券交易所（「馬德拉斯」是金奈的前稱），就在該市。

金奈還有規模龐大的泰米爾電影業的基地。因為它的俗稱 Kodambakkam 以 K 字起頭，故號稱 Kollywood（卡萊塢，哈哈）。

它的濱海沙灘長 6 公里，是世界上第二長的城市海灘。著名電影 Life of PI 裡的大洋，就在金奈海灘南邊的柯洛曼德爾海岸線離岸處。2004 年印度洋海嘯襲擊金奈的海岸，造成 200 多人死亡，並永久改變了金奈的海岸線。

金奈更是世界上為數不多的，能在市區裡容納一個國家公園的城市（Guindy National Park）。

印度獨立後懸掛的第一面三色旗（印度國旗），就保留在金奈的政府博物館，那是印度國內歷史最悠久的博物館。

金奈和孟買以及加爾各答一起，成為三個被英屬印度授予高級法院的城市，獨立後的印度憲法，依然承認舊法院的地位。金奈的高級法院大樓，被認為是世界上第二大的法院大院。

自 2008 年以來，金奈一直是外國遊客參觀人數最多（！）的印度城市，甚至超越了北部的金三角，這非常令人驚訝。大部分訪客來自斯里蘭卡，馬來西亞和新加坡，其次是英國，法國和美國。前者多為虔誠信教的善男善女，後者多為好奇印度「國粹」：千年歷史的達羅毗荼文化。

金奈是在南亞及印度唯一曾被紐約時報選中的「世界上 52 個該去之地」的城市。2011 年，在全球排名前 100 位旅遊目地城市中，金奈名列第 41。這些結果頗讓人意外。

金奈有別致的歐式建築，古樸的印度寺廟，豪華氣派的建築，但不少公共設施卻依然落後。主要街道十字路口不少依然沒有紅綠燈。大街上甚至偶而還有吉普賽人式的大篷車走過，但裡面是否真是吉普賽人就不得而知了。種姓制度殘留在金奈依然嚴重，孟加拉灣沿岸地區生活著的許多「哈里真人」，據說都是為從印度種姓制度的桎梏中解脫出來而改信基督教的。

金奈可看的景點不少，但時間已經限死，所以我只去了地鐵沿線的四五個景點，算是每種類型選一：印度教經典派的凱卜里威爾寺廟，近代宗教改革派的羅摩克里

希修道院，基督教的湯瑪斯大教堂。還有高等法院，以及北部的金奈海灘，但我沒看到想看的那個遼闊的孟加拉灣和印度洋景觀。

凱卜里威爾廟

凱卜里威爾廟全稱 Kapaleeswarar Temple。在印度教天下的金奈，它是最古老最知名的印度教寺廟代表。供奉濕婆神及其夫人帕爾瓦蒂。

凱卜里威爾廟的歷史可追溯到 8 世紀。原先建在海岸邊，後被葡萄牙人破壞。現在的寺廟移離了岸邊，是（漢皮）維查耶那加爾王朝在 16 世紀所建。寺廟最醒目的特色，是其入口處直立高聳的七層高關塔。這種關塔在印度南部非常普遍，是典型的德拉威風格。事實上從漢皮到班加羅爾到馬杜賴到金奈，印度教寺廟都是這一種類型。

走進凱卜里威爾廟。大殿頂部厚重繁縟的雕塑裝飾非常醒目。從漢皮開始，這種同樣款式的印度教廟宇已達審美疲勞的程度。但想到設計與建造的不易，依然令人讚歎。

凱卜里威爾廟的名字 Kapaleeswarar 來自 Kapalam （頭）和 Eeshwarar（濕婆的別名）。據古本「往世書」記載，梵天和濕婆有過一次在山頂上的會議。梵天未能表現出對濕婆應有的尊重，為此濕婆彈撥了梵天的「頭」。梵天知錯而後苦修，來此安裝了一個 lingam，以取悅濕婆。lingam 有「標誌」「符號」 的意思，是一種不大的圓柱桶狀物，放在廟宇（庭院）中代表某個神，供信徒祭祀。

圖 12-1 走近凱卜里威爾廟。德拉威風格的七層高關塔，不由我想起哥薩克騎兵的羊羔皮皮毛一體帽，雖然頂部形狀並不完全一樣。

圖 12-2 大殿前高聳的神柱。不太清楚有何典故與說頭。

羅摩克裡希寺廟

羅摩克裡希廟全稱 Ramakrishna Mutt Temple。Ramakrishna 是個「神人」，19 世紀印度著名的神秘主義者。他出生貧寒，當過神廟牧師，接受過禁欲與苦行的精神教育。除了印度教，他也實踐過伊斯蘭教和基督教。他修行得到的結論是，所有宗教導致相同的神。他創立的宗教（流派），叫 Ramakrishna Mission，屬於近代改革運動的一部分。

他有個首席弟子叫 Swami Vivekananda，從西方回來。為滿足講經佈道的需求，他為老師創立了這個寺廟。在孟買著名的印度之門前的廣場上，也有這位首席弟子的塑像，他也是將印度瑜伽功介紹給西方的第一人。

羅摩克裡希這一派，主張「所有宗教通向相同的神」，它的修行場所也不像寺廟，可稱為「寺院」，也稱「修道院」，可謂不印不洋，又印又洋。印度從古到今，思想宗教文化領域的活躍紛繁百花齊放，由此可見一斑。

羅摩克裡希寺曾經擴建過，所以有新舊兩部分建築。大院環境優雅清靜，是冥思反省祈禱的好地方。

接觸了一點該派的說教之後，感覺到各種宗教流派的「百家紛呈」，真是各有所得，各有所理。尤其是建廟人 Vivekananda 的一段話，頗有意思：

《每個宗教都是一條路》（Each Religion is a Path）

所有宗教的「總和」，不意味著每人都得有一個先知，或崇拜上帝的某一個方面。如果基督是真實的，那麼克裡希納（毗濕奴神在印度教的化身）和佛祖也是真實的。

讓我們有很多老師，有很多經文，讓我們有教堂，有寺廟和猶太教堂。每一種宗教都是要達到同樣目標的途徑 Every religion is a path to reach the same goal。

當目標達到時，基督徒，猶太人，伊斯蘭，印度教和佛教徒們都會意識到，大家崇拜的是同一個現實。獲得這種領悟的人，已不再是某一個具體路徑或特定宗教的追隨者了。他已經成為神的人，是人類的祝福。

圖 12-3 羅摩克裡希主殿近視圖。有點象廟，又有點象陵。

湯瑪斯大教堂

　　湯瑪斯大教堂全稱 International Shrine of Thomas Basilica。裡面存放著使徒聖托馬斯遺骨。最初由葡萄牙人建於 1523 年，是一個羅馬天主教小教堂，後被英國人於 1893 年改建為現今新哥德式的大教堂。

　　全世界只有三個教堂，是建在耶穌基督使徒的陵墓之上的：一是羅馬的聖彼得大教堂 Basilica of Saint Peter，二是西班牙聖地亞的哥德孔波斯特拉大教堂

Cathedral of Santiago de Compostela，三就是印度金奈的聖托馬斯大教堂。它們分別建於聖彼得，聖詹姆斯，聖托馬斯三個人的陵墓之上。

印度的信徒們相信，聖托馬斯是耶穌的十二門徒之一。在西元 52 年的時候，從聖經中 West Bank（今以色列）南部的 Judea 地區來到印度。他先在西海岸宣講佈道，然後來到金奈，最後在城郊一個山丘上殉難（今日的「聖托馬斯山」）。他的遺體就安葬在現在湯瑪斯教堂大殿所在的地方。

高等法院

金奈高等法院 High Court 的地位崇高，是印度全國三大最早授予的高級法院之一。另兩個在孟買和加爾各答。金奈高等法院所在地，被認為是世界上第二大的法院大院。它靠近海灘，位於城市的一個主要商業區。它建於 1892 年，是印度第一批出現的印度－撒拉遜風格的建築。

圖 12-4 高等法院就在地鐵旁邊。這是從車上遙望高等法院。一般人不得入內。

當天下午匆匆結束金奈之旅時，我想看而沒時間看的還有：

1、巴薩拉席寺 The Parthasarathy Temple，是印度教寺廟，也在地鐵沿線，但散離於其他景點，是計畫中的後備，沒時間去了。

2、聖喬治堡，英國人最早建起的城堡，是英國在印度的第一大租界，當年是這個殖民地城市成長的核心，位於市中心的西北。現在是泰米爾納德邦立法議會所在地。

其他還有：3、城裡全印第一個印度－撒拉遜建築的 Chepauk Palace，4、馬德拉斯證券交易所，5、著名的古典婆羅多舞 Bharata Natyam 表演，6、金奈政府博物館，7、獨特的市內國家公園 Guindy National Park，8、稍南一點世界上第二長的城市海灘瑪麗娜海灘和愛德華‧艾略特的海灘，9、更多的德拉威風格印度教寺廟如：Mylapore 的 Kapaleeshwarar 寺，Triplicane 的巴薩拉席寺 Triplicane 等。

做整體計畫時我對金奈的低估與限時，迫使我不得不走馬觀花。游完金奈後，雖存遺珠之憾，但想到南方之旅甚至印度之行都將結束，倒是很興奮。

從南方門戶孟買開始，我途經了海德拉巴，霍斯佩特 Hospet，漢皮，班加羅爾，馬杜賴，直到金奈。其實我也去了賈爾岡 Jalgaon，阿旃陀 Ajanta 和奧蘭加巴德 Aurangabad，為的是看阿旃陀的佛教石窟，但是我計畫失誤，撞上星期一關門。在轉車的賈爾岡與奧蘭加巴德兩城市轉悠了一下，實在是乏善可陳，懶得動筆上圖了。

這一路南下，並沒有感覺出印度南北的顯著差異，甚至氣候都大同小異。大概正值夏末，秋意隨我一起南下的緣故。真要回頭細望細想，大概南方城市更寬廠些，更乾淨些，工業和科技更發達些，西方化程度更高些，印度教更強勢些，而伊斯蘭則越來越「不濟」些，到了金奈便幾乎止步了。在某種意義上來說，印度的國粹在南方，因為它受破壞小些，保存得更好些。

回到新德里後，我只剩下最後一站：去印巴邊境的阿姆利則。正是在那裡，我感受到了印度之行給我的最後感動。

最後的感動阿姆利則

阿姆利則 在印度西北的印巴邊境，是我印度之行的最後一站。從北向南轉了一圈後我才去那裡，是因為要把最好的留到最後。

阿姆利則所在的旁遮普邦，有「印度糧倉」之稱，是印度最小卻最繁華的邦。阿姆利則是邦裡的最大城市。

阿姆利則與巴基斯坦第二大城市拉合爾 Lahore 在邊境兩邊相對應，僅 32 英里之遙。其實這兩個城市原本一家，同屬富饒的旁遮普邦。1947 年英屬印度分成印度和巴基斯坦時，棒打「鴛鴦」各棲一方。

當時阿姆利則有 50% 穆斯林，拉合爾有 50% 印度教徒與錫克教徒，所以曾有人主張前者歸巴基斯坦，後者歸印度。但結果陰差陽錯，互換了「東家」。為此二者都經歷了歷史上最嚴重的社區宗教大屠殺與大暴亂。

與拉合爾在歷史上的相提並論，說明了阿姆利則地位的重要。但更重要的是，阿姆利則是印度第三大教錫克教的中心，而錫克教是世界十大宗教之一。

我印度之行的一大收穫，就是能夠親歷錫克教大本營阿姆利則。以前只知道「印度阿三」的裹頭印度人是錫克人，並無特別的好感。但在離開印度時，我已發現錫

克人是印度社會中最值得信賴和誠實的一群。以致於每當我再見到裏頭的錫克人時，某種親近與信任感便會隱隱而生。

錫克教其實是印度教與伊斯蘭教結合與改良的產物，誕生於 15 世紀。它反對印度教的種姓制度與偶像崇拜，也反對伊斯蘭教的排斥異教和歧視婦女。錫克教主張簡化禮儀，積極入世，反對禁欲行為，反對恆河沐浴，反對麥加朝拜。它崇尚真理正義，崇尚經典修行。他們幫助乞丐，但鄙視乞討行為，所以錫克教徒中很少有乞丐。錫克教徒強調勤勞勇敢，自強自立，而且內部團結，互為兄弟。

錫克教的終極聖地阿姆利則金廟

舉世聞名的阿姆利則金廟 Golden Temple，是錫克教的總部與朝拜聖地。它的第一代祖師曾在這裡修行。第四代上師在此開建了一個水池，名為「甘露之池」。第五代上師在池中建起了金廟，1601 年完工，迄今已有四百多年的歷史。而「阿姆利則」這個字，正是來自梵文的「甘露之池」。

進入大門前要經過一個洗腳淺水池，以表示對錫克教宗師們的敬意，也為了保持神殿乾淨。

走近大門時，門邊有大木桶提供免費的裹頭巾，站立門邊的人也會幫你裹纏頭巾。進廟不能光著頭，戴帽也行。

錫克教徒的裹頭習慣，來自其裝束的五大標誌：長鬚髮，戴髮梳，穿短褲，佩短劍，戴手鐲。在他們的語言裡，這五個詞均以「K」起頭，故稱「5K」標誌。短褲短劍已經不太流行，蓄長髮長鬚則表示睿智博學和大膽勇猛，而裹頭巾是其蓄髮疏髮的外延與標誌。

錫克教徒常稱為「錫克人」，但它不是民族的稱謂。凡認同錫克教義的人，都可入教，都可成為「錫克人」。

圖 13-1 金廟大門。頂部有一個維多利亞式鐘塔。金廟大院共有東西南北四個這樣的大門，象徵著錫克教的大門向來自任何方向的兄弟姐妹們開放。

　　錫克教不拜神不拜人。「錫克」一詞來自梵文，有「學生」之意。錫克教只拜「阿迪格蘭特」那本經典，它是上師們的教誨大全，含歷屆領袖上師（共十位）的言論匯總。

　　錫克教沒有傳統意義上的寺廟。他們拜祭的場所叫謁師所，裡面不設偶像沒有牌位，只有經典著作放於台前。

金廟被錫克教稱為 Gurdwara，即「通往大師之門」，是個終極的謁師所。金廟大院氣勢恢宏，金碧輝煌，風格典雅，造型優美，融合了伊斯蘭建築的肅穆莊重，和印度教建築的絢麗璀璨。

　　金廟大院主要結構有正門，水池，水上的金廟，以及四周的建築共四部分。正對著金廟的那一排建築，是錫克教最高理事會的商議聚會大廳，也是初經大師的錫克教經典晚上的棲息存放之地。其他三面的大樓裡，有中央錫克博物館和其他內部功能性設施等。

　　金廟在 19 世紀曾遭阿富汗人襲擊而損壞，錫克人憤而還擊追捕，直至摧毀阿富汗軍。後來重建時用了 100 公斤黃金鍍面，才有了金廟的俗稱。

　　仔細看金廟神殿，它共三層。第二、三層和頂上裸露的地方都鋪有鍍金的銅葉片。廟頂有 4 個精緻的小亭，中間是 1 個碩大的缽形塔。

　　水池周邊有繩子標示出的部分區域，供男朝聖者沐浴。

圖 13-2 金廟大院全景，十分敞亮宏大震撼壯觀。

圖 13-3 金廟大院裡的中央水池，名叫 Amrit Sarovar。

這兩個字合起來，就差不多是 Amritsar（阿姆利則）了。這裡的池水被錫克人視為聖水。水上的金廟，正式名字是 Harmandir Sahib，意思是「永恆的」。

圖 13-4 金廟兩側的建築,建築非常雄偉精細整潔。

裡面多為錫克教的有關機構和設施。來訪者的供食以及夜宿設施等是否在樓裡,不得而知。我的排程沒有這兩項。

這個錫克教聖地幾乎 24 小時開放(6AM-2AM),總是充滿了成千上萬的來自印度各地的朝聖者,據說每天遊客 10 萬以上,超過了泰姬陵。

背包客們對金廟非常熟悉,因為它提供免費住宿,以及 24 小時免費食物。錫克教徒認為,人應該吃飽飯後才會想到精神信仰的東西,即「溫飽思信仰」,而不是溫飽思淫欲,哈哈。

錫克教如此人性化,如此善解人意替人著想,讓人刮目相看。

所有的錫克教徒,都希望在他們生活中的某個時間來寺廟當志願工一個星期。所以在金廟看到的工作人員,多半是信徒義工。當我走出聖殿,看到幾位擦拭欄杆的就是義工。

錫克教對男性尤其強調英武勇敢,所以錫克教徒在名字上都加有共同稱號「辛格」Singh,意為「雄獅」。

現實生活裡錫克人也確實英勇彪悍，當年為對抗蒙兀兒王朝壓迫，錫克教逐步軍事化。歷史上有多次對外對內被動還擊而勇猛取勝的事例，包括幾百年前對阿富汗入侵的還擊，和幾十年前對英迪拉·甘地「藍星行動」的報復，甚至笛連瓦拉園的阿姆利則大屠殺，多涉及錫克人。但他們幾乎從不主動滋事挑釁，這一點令人欽佩。

　　從阿姆利則火車站到金廟，有直達免費公車來回。極其擁擠，但秩序良好。我在金廟逗留了兩三個小時，直到相機 16G 存儲片用滿，不得不清理選刪舊片，找回空間。

圖 13-5 從這裡通過一段約 50 米的大理石橋，將聖殿與湖邊平臺相連。信徒和參觀者需要排隊走向金廟神殿。這是石橋前的一道門。小橋的終點是金廟聖殿，門上有鍍金碑文，刻著大師經典中的引文。大師的經典經文，每天都在這裡由錫克聖人 Saints 們大聲誦讀。

圖13-6 金廟聖殿入口處。那一刻我決定硬著頭皮也要進去，因為錫克教強調開放和容納，我不怕被轟出來。唯一的不安是，我手頭沒有準備朝拜的禮品和貢品，也不知程式與規矩，怕壞了人家的氣氛和興致。

圖13-7 我終於踏進了金廟聖殿。裡面不讓拍照，這是盲拍。最裡圈一色白衣黑頭的幾位有坐有站，是誦經和接待信徒的聖人們。朝拜的信徒也分成欄裡欄外兩個「檔次」，裡面圍坐的都是「女士優先」。我自然是「周邊」人。最中央的，就是錫克教敬拜的「根本經典」阿迪格蘭特。

震驚世界的劄連瓦拉園慘案

1919 年阿姆利則大屠殺現場劄連瓦拉園 Jallianwala Bagh，就在離金廟約十分鐘步行距離的不遠處。當年英國軍隊向和平集會抗議當局的印度人開槍射擊，當場死亡 379 人，傷 1200 人。實際死傷人數遠超此數。

第一次世界大戰期間，旁遮普邦的錫克人已經開始出現動盪，起因是他們的新德里謁師所被拆，當局對大部分是錫克人的印度獨立活動分子進行審訊 。

當時聖雄甘地已回到印度，獨立運動與英國殖民當局的矛盾一觸即發，當局逮捕幾名運動領導人，激憤的阿姆利則人總罷工。成千上萬的錫克教徒，穆斯林和印度教徒聚集在劄連瓦拉園和平抗議。英國當局阻斷了主要出口，無預警地向人群最密集的部分開槍射擊，射擊持續大約 10 分鐘。血案震驚世界。

劄連瓦拉園不大，免費進出，但有軍警值班。來的印度人很多，男女老少對展覽室的陳列看得和外國遊客一樣仔細。

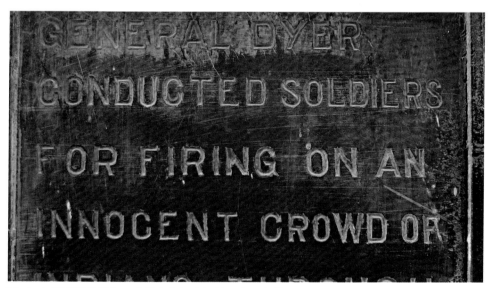

圖 13-8 劄連瓦拉園入口處牆上的紀念標牌。上面寫著：下令開槍的 Dyer 將軍的士兵就是順著這個途徑向手無寸鐵的無辜人群射擊。

圖 13-9 進入園內的景象。遠處是死難者紀念碑。走近死難者紀念碑。無字，無語。

圖 13-10 燭火生生不熄。

圖 13-11 人們被從這裡射出的子彈擊中而倒下。

三人座的嘟嘟車擠下十一人的印度特色

中午時分我走出簫連瓦拉園。剩下的重頭戲，就是去印巴邊境看每天傍晚的降國旗儀式了。

行前我注意到印巴邊境有 Wagha 和 Attari 兩個稱呼，到了當地後才搞清楚，Attari 是村莊名，Wagha 是邊界名。就像以色列南部紅海邊去約旦的邊界過境點叫 Wadi ，而它所在的城市叫 Eilat。

印巴邊境在阿姆利則西南約 30 公里遠，有公車到村莊，然後還得叫嘟嘟車去邊境。所以不如直接包嘟嘟車，來回加等待，約 750 盧比。

我站在簫連瓦拉園門口時，幾個嘟嘟車司機走上前來。我問：去印巴邊境，多少錢？有一人竟說：100。我一驚：是來回價？是。包括等待？是。何時付錢？回來再付。我說：怎麼這麼便宜？對方笑：一共 8 個乘客。他又說：一個人的話要 750。我說：是嘟嘟車？是。怎麼能拉那麼多人？他端上手機裡的照片，說：我的車大。

這個年輕人叫 Raja，我喜歡他的言行舉止，也相信他。他向我推薦了市裡一家「像樣」的餐館，約好 1:30 就在此地集合出發。

吃完飯我在市區逛了逛，1:30 左右還真出發了。不過沿途他又拉了幾位，最後居然連司機共載了 12 人。他的車其實無異於其他嘟嘟車，但他加了朝後一排橫板，背靠背硬是擠了八人。背對司機有一橫欄，也「坐」了兩個年輕人。我是「外賓」，司機左邊的靠背椅優惠了我。一聲轟鳴車發動，我甚至擔心它拉不動，或半途拋錨。結果 Made in India 還算爭氣，一路顛簸卻順風順路。

圖 13-12 我去印巴邊境的車友們。

一輛嘟嘟車居然擠了 12 人。這幾位個個膀大腰圓，卻很能吃苦湊合。由此不難理解，那些近郊火車窗外頂上的人山人海奇跡奇觀是如何練成如何發生的了。

圖 13-13 又一排車友，老人也不落人後一樣耐擠。

兩位老人身後隱約能見還有一人，所以這一排也是四位。面對他們的是兩個年輕人，所以「車廂」裡共「塞」了十位，連我和司機共十二人。

去邊境前，我問司機能否去 Shri Durgiana Tirath 停一下，他同意了。那是個印度教在阿姆利則的主要朝聖地之一，風格模仿了金廟，拜的有克里希納神和毗濕奴神，但主神是女神杜爾迦。

寺廟在一小街巷裡面。我一人進去，其他人在街上等。我發現裡面很深很大，與金廟相像。我不忍心讓那麼多人等我一人，就匆匆一轉沒有細看。

其他老印乘客要求看一個印度教寺廟 Vaishno Devi，不在我的規劃之中，供的也是女神杜爾迦，我也跟著轉了一圈，覺得沒有上面那個寺廟有意思。但是據說也是當地很重要的印度教寺廟。

嘟嘟車走了 40 分鐘左右，在邊境隔離區邊上停下，不能再前行了。人們都需要步行好幾百米才到真正的入口處。司機再三叮嚀每個乘客，返程集合就在這裡的咖啡店前，不能搞錯。

去邊境途中，看到馬路中央有一個不知是誰的雕像。離開邊境已經不遠了。

景觀獨特的印巴邊界降旗儀式

資料上說，印巴邊境降旗儀式 4:30PM （冬）或 5:30PM（夏）開始，持續約 20 分鐘結束。結果實際情況是，我們 3 點到達，4 點半進場，6 點開始，7 點多散場。

從第一道大門入場後，外賓有專門的看臺和通道，但沒有明顯的標記，需要問一下。我是第一個進看臺的外賓，我選了不高不低處的中間位，為的是看到拍到俯視的全景，可惜我沒有變焦相機，稍遠處就模糊了。

外賓席的右邊是印度國內的「貴賓席」。開放得晚一點，那時還空無一人。

圖 13-14 遠方豎有兩面旗子的那個大門處，就是印巴邊界線。

圖 13-15 我轉身拍反方向，進來處的邊境大門。掛著印度國旗和甘地肖像。
一般觀眾已經就位，人山人海。

圖 13-16 回到座位之前,我也拍下了那個大雞冠制服軍警。

時間還早，坐著無聊，我走到「馬路」中央拍照。沒人管我。我先朝邊界處拍照。一個老印模樣的在拍制服軍警。

真正的儀式相當繁瑣，大概也是宣傳和作秀的需要，對外賓，對百姓，也是對另一邊的不友好鄰邦。大致有三個階段：軍人來回行進走佇列；降國旗；護送國旗回營回樓。

佇列有大有小，一人，兩人，四人，甚至更多，都是高擺手快捷步急匆匆地來了又去，印巴兩邊都是這種風格。看上去少了端莊與威嚴，反而有點「滑稽」，但很可愛。佇列行進有不少變化與講究，占時最長。

降國旗是與對手巴基斯坦方同步的，倒也十分「君子」。那個過程稍微短些。最後護送國旗回到營地樓內，最簡潔快速。

整個過程中，高音喇叭裡時有音樂，歌曲，口號此起彼伏，群情激昂，場面很是感人。我就聽「懂」一句，好像是：印度斯坦萬歲！

平民百姓的真切熱情留給我最後的感動

從坐上嘟嘟車看到兩位老人的時候起，我已經感受印度平民特意前來積極參與的巨大熱情。現場觀眾席甚至沿著馬路，到處人山人海座無虛席。和邊界對面的稀稀拉拉冷冷清清形成鮮明的對比。

在等待的過程中，觀眾中有人開始舉國旗奔跑的活動。一組兩人，各持一面國旗，從甘地大門奔向邊界，然後原路奔回。下一組兩人接過旗幟重複之。越來越多的人走出觀眾席，排隊加入等候，甚至有小孩和老人參與，場面感人。老外也有加入的，活動持續了近半個小時。

降旗儀式正式開始前，不但觀眾有老有少自發地雙手舉國旗快步奔跑，形成排隊接力，而且稍事休息後沒有多久，觀眾中裡又有了「騷動」，人們紛紛站立朝一

圖 13-17 人們舉國旗來回奔跑接力。那時已過了 5 點，外賓席上已經有不少人了。

圖 13-18 印度佬激情高呼口號。雖聽不懂，但能感受到。

邊張望，原來有幾個女孩在路中央跳起了舞蹈，後來擴音器裡也開始播放音樂，參加的人多起來了，男女老少都有，老外也有加入的，包括我的身邊人。

天暗下來了，儀式將要結束，對面的巴基斯坦觀眾席依然稀稀落落，從未坐滿人過。而印度這邊，我的周圍，印度人至始至終嚴肅、認真、熱情、專注。

在回程中，我同車的老人說，他看見我也去跳舞了，哈哈。其實我沒有去。但我心裡是有觸動。那些舉國旗奔跑和群舞的活動，也許是當局鼓勵甚至有備而來的，但顯然是極受群眾歡迎，很有感染力的。老印老外觀眾的自發參與，十分積極踴躍。印度百姓儘管有種種問題與不滿，但對國家的熱愛卻是真切的。這讓我感動。

當晚我趕火車回新德里。印度之行劃上了句號。阿姆利則是錫克人的天下，有過血腥，充滿陽剛，更是洋溢著熱心熱情和溫馨感動的地方。

再見了，永遠的印度

二十一個日日夜夜，五百零四個鐘頭，三萬零二百四十分鐘……

古老而沉重的千年大門為來訪者開啟，它又緩緩地關上；
絢麗而多彩的神秘面紗為遠道客撩起，它又輕輕地垂下；
……

遠去了，鐵罐機車灰暗沉悶的隆隆聲響；
模糊了，車牛同道塵土飛揚的老街窄巷；
消褪了，咖哩麻辣異國味料的舌尖麻痺；
淡忘了，酷暑驕陽大汗淋漓的蹣跚踉蹌；
……

古老而現代，矛盾又輝煌；對立而平和，知足又貧乏；陌生而友好，溫馨又難忘……

我眼裡的印度，我心中的印度……

再見了，永遠的印度，永遠的謎。

印度南北千里走單騎
景點表及本人評分

德里 Delhi

1-1 紅堡 Red Fort （舊德里） ★★★★★

1-2 賈瑪清真寺 Jama Masjid （舊德里） ★★★★

1-3 納拉揚廟 Narayan Temple ★★★★★

1-4 印度門 India Gate ★★★★★

1-5 總統府 President Estate ★★★★★

1-6 古天文臺 Janta Manta ★★★★

1-7 胡馬雍陵 Humayun Tomb ★★★★★

1-8 古特伯高塔 Qutab Minar ★★★★★

1-9 蓮花寺 Lotus Temple ★★★★★

1-10 洛迪花園 Lodi Garden ★★★★

1-11 甘地傳承地 Gandhi Smriti ★★★★★

1-12 國家博物館 National Museum ★★★★

1-13 議會大廈 Parliament ★★★★

1-14 班戈拉－撒西比謁師所 Bangla Sahib ★★★★

齊浦爾 Jaipur

2-1 風之宮 Hawa Mahal　　　★★★★★

2-2 琥珀堡 Amber Fort　　　★★★★★

2-3 天文臺 Janter Mantar　　★★★★

2-4 市宮殿 City Palace　　　★★★★★

2-5 亞伯特博物館 Albert Hall　★★★★

阿格拉 Agra

3-1 泰姬陵 Taj Mahal　　　　　　★★★★★

3-2 阿格拉堡 Agra Fort　　　　　★★★★★

3-3 法塔赫布林 – 西格里 Fatehpu Sikri　★★★★

3-4 阿克巴陵 Akbar Tomb　　　　★★★

3-5 賈瑪清真寺 Jama Masjid　　　★★

瓦拉納西 Varanasi

古久拉霍 Khajuraho

烏代浦爾 Udaipur

孟買 Mumbai

海德拉巴德 Hyderabad

漢比 Hampi

班加羅爾 Bangalore

10-1 提普蘇丹宮 Tipu Sultan's Palace ★★★★★

10-2 梵卡塔垃瑪娜寺 Sri Venkataramana Temple ★★★★

10-3 牛廟 Bull Temple ★★★★★

10-4 拉爾巴植物園（紅色花園）Lalbagh Botanical （Red Garden）★★★

10-5 賈婭瑪哈 Jayamahal Palace ★★★

10-6 班加羅爾宮 Bangalore Palace ★★★★★

10-7 國會大廈 Parliament ★★★★★

10-8 高等法院 High Court ★★★

10-9 城市集市 City Market ★★★

馬杜賴 Madurai

11-1 米納克什寺廟 Meenakshi Amman Temple ★★★★★

11-2 提盧馬萊 – 納亞克宮 Thirumalai Nayak Palace ★★★★★

11-3 甘地博物館 Gandhi Museum ★★★★

金奈 Chennai

阿姆利則 Amritsar

生活旅遊 10

印度南北千里走單騎

作　　　者：邢協豪（行寫好）
美　　　編：at! 在創意有限公司
封 面 設 計：at! 在創意有限公司
執 行 編 輯：張加君
出 版 者：博客思出版事業網
發　　　行：博客思出版事業網
地　　　址：臺北市中正區重慶南路1段121號8樓14
電　　　話：(02)2331-1675或(02)2331-1691
傳　　　真：(02)2382-6225
E－M A I L：books5w@gmail.com、books5w@yahoo.com.tw
網 路 書 店：http://bookstv.com.tw/
　　　　　　http://store.pchome.com.tw/yesbooks/
　　　　　　博客來網路書店、博客思網路書店、
　　　　　　華文網路書店、三民書局
總 經 銷：聯合發行股份有限公司
電　　　話：(02)2917-8022　　傳真：(02)2915-7212
劃 撥 戶 名：蘭臺出版社 帳號：18995335
香 港 代 理：香港聯合零售有限公司
地　　　址：香港新界大蒲汀麗路36號中華商務印刷大樓
　　　　　　C&C Building, #36, Ting Lai Road, Tai Po, New Territories, HK
電　　　話：(852)2150-2100　　傳真：(852)2356-0735
總 經 銷：廈門外圖集團有限公司
地　　　址：廈門市湖裡區悅華路8號4樓
電　　　話：86-592-2230177
傳　　　真：86-592-5365089
出 版 日 期：2017年8月 初版
定　　　價：新臺幣340元整（平裝）
ISBN：978-986-94866-7-5

國家圖書館出版品預行編目資料

印度南北千里走單騎 / 邢協豪（行寫好）著
--初版--臺北市：博客思出版事業網：2017.8
ISBN：978-986-94866-7-5（平裝）

1.腳踏車旅行 2.自助旅行 3.印度
737.19　　106010622